Albrecht E.Schwarz

Discounter

Die Domina Einzelhandels

Herstellung und Verlag: Books on Demand GmbH, Norderstedt
ISBN-13: 9783837024098

Inhaltsverzeichnis:

1. Einleitung oder „Warum habe ich dieses Buch geschrieben?"

Wieder einmal hab ich den Rechner an, schreibe eine Bewerbung und meine Playlist wirft mir einen Titel an den Kopf : „things can only get better" („Es kann nur besser werden")…
Nach fast zwei Jahren der Arbeitslosigkeit und knapp einhundertfünfzig Absagen, glaubt man da eigentlich nicht mehr dran, aber man redet sich immer wieder ein, dass es doch gar nicht mehr schlimmer werden kann.
Das war der Zeitpunkt wo mir klar wurde, dass ich anderen Menschen mitteilen möchte, dass es wirklich noch schlimmer sein kann und aufklären möchte, was Hinter den Kulissen des Einzelhandels, vor allem im Bereich der Discounter, wirklich abgeht.
Ich habe also kurz nach meinem siebenundzwanzigsten Geburtstag, angefangen, einige meiner Erfahrungen und Gedanken aufzuschreiben.
Drei Monate vorher hatte ich, nach langer Zeit als Arbeitssuchender, ein Jobangebot bei einem Discounter angenommen.

Seit dem ich einer von diesen „potentiellen Leibeignen und Sklaven" bin, denke ich jeden Tag wie der Sänger in dem eben erwähnten Titel.

Aber es tut sich nichts...

es wird nur noch schlimmer...

Bei meinem vorherigen Arbeitgeber, welcher auch mein Ausbildungsbetrieb war, habe ich in sechs Jahren Betriebszugehörigkeit dermaßen viel erlebt, dass ich zum Ende hin zu einem Kollegen sagte, dass man ein Buch über das ganzen Stories, die man sich erzählt schreiben könnte, aber jetzt sind erst drei Monate im Discounteinzelhandel vergangen und mein Großhirn kann so viele Informationen, Daten und Geschichten gar nicht speichern, also schreibe ich sie auf.

Erfahrungen im Berufsleben, gute wie schlechte, habe ich bereits viele sammeln können.

Nur da wo ich jetzt gelandet bin, wünsche ich meinen schlimmsten Feind nicht hin!

Die Tatsache, dass ich spätestens nach dem Erscheinen dieses Buches gar keinen Job mehr finden werde, beziehungsweise mein mittlerweile ehemaliger Arbeitgeber mich in Grund und Boden verklagen möchte, ist mir bewusst.

Dieses Buch richtet sich nicht gegen einen Discounter speziell, sondern gegen diese ganze Sparte des Einzelhandels. Aus diesem Grund habe ich die auch auf Namen und firmenbezogene Begriffe verzichtet. Ich will den Menschen verdeutlichen, warum der Joghurt beim Discounter so viel günstiger ist als beim Supermarkt oder im Warenhaus, oder auch nicht, warum der Discountbereich eigentlich immer boomt und weiterhin boomen und expandieren wird.

Wieso arbeiten dort noch Menschen und warum werden es immer mehr, trotz negativer Schlagzeilen in den Medien?
Welche Motivation haben diese Subjekte unserer Gesellschaft um sich auf ein Arbeitsverhältnis mit diesen Firmen einzulassen?
Wie sieht die Zukunft im Handel aus, wird es einen Wandel geben?
Ist unser Land wirklich zu einer Servicewüste mutiert, beschleunigt und gelenkt durch die Gier der „Großen" nach noch mehr Ertrag?
Ich hoffe mit diesem Buch zumindest einen Teil dieser Fragen beantworten zu können.

Ich möchte auf keinen Fall die Discounter an sich, deren Mitarbeiter oder die Produkte, schlecht machen.
Ich möchte lediglich mit meinen Erfahrungen und Geschichten zum Denken anregen.

Auch wenn sich hier der Ein oder Andere in den Erzählungen wieder erkennen sollte, hoffe ich, dass diejenigen das mit Humor nehmen.
Ich bin wirklich dankbar für die Erfahrungen die ich in dieser Zeit sammeln durfte. Auch wenn diese nicht immer, beziehungsweise selten, positiv waren, möchte ich mich dafür bedanken.

Ansporn zu diesem Buch haben mir auch private Aspekte gegeben, dazu zählt unter anderem, die Trennung von meiner Partnerin, welche ich im Übrigen immer noch sehr lieb habe und glücklich bin, dass diese einzigartige Freundschaft weiterhin anhält. *zwinker*
Viel Unterstützung, vor allem motivierende Worte (auch, wenn denen das manchmal gar nicht so bewusst war) habe ich von meinen Freunden erhalten.
Da der Bereich Familie in meinem Fall sehr spärlich ausfällt, bleibt zum Schluss nur noch meine Mutter, der ich danken möchte.

2. Stellenausschreibungen und Bewerbungen

Ich kaufe mir, wie wahrscheinlich Millionen andere auch, jeden Samstag die Tageszeitung um unter anderem die neusten Stellenangebote zu studieren.

Jede Ausgabe enthält etliche Anzeigen von Unternehmen, die teilweise ganze Seiten bunt bedrucken lassen, um möglichst viele Bewerberangebote zu erhalten. Natürlich werden diese Anzeigen auch in anderen Medien veröffentlicht, wie zum Beispiel diversen Jobportalen im Internet oder in der Datenbank der Agentur für Arbeit.

Von einem Gesichtspunkt aus, ist das natürlich richtig, man möchte ja auch den besten Bewerber, beziehungsweise Mitarbeiter, finden.

Dafür ist man dann auch bereit, einige hundert oder tausend Euros hinzulegen, da die Kosten dafür ja eh absetzbar sind und gefördert werden.

Selbst die anfallenden Kosten für die Auswertung der Fluten an Bewerbungen, werden in Kauf genommen.

Wenn man dann beobachtet, dass manche Firmen fast jede Woche inserieren, wird man doch stutzig, da die Personalabteilungen der umwerbenden Firmen in Bewerbungsunterlagen ersticken müssten.

Denn schaltet man ein solches Inserat, erhält man, aufgrund der aktuellen Lage am Arbeitsmarkt, bis zu fünfhundert Bewerbungen pro zu besetzende Stelle.

Auch ich habe auf solche sich wiederholenden Anzeigen reagiert und mich bei diesen Firmen beworben. Nicht, dass es sich dabei um irgendwelche winzige und unbekannte Firmen handelt, es sind auch die „global player" die anscheinend unbegrenzt Mitarbeiter benötigen. Als ich dann die Absage bekommen habe, mit der Begründung, dass man sich für einen anderen Bewerber entschieden habe, war ich dann doch sauer, als ich einen Tag später wieder dieselbe Anzeige lesen musste.

Auch frage ich mich, wieso man als Unternehmen nicht das Arbeitsamt suchen lässt, was durchaus eine günstigere Alternative wäre... wahrscheinlich sind die Arbeitsvermittler im Staatsdienst nicht aktiv genug, oder der Firmenetat für Personalbeschaffung muss ausgeschöpft werden.

Die Arbeitgeber wollen mit dem Stellenangebot, einem wichtigen Aushängeschild, suggerieren, dass es dem Unternehmen gut geht, es eine positive wirtschaftliche Entwicklung gibt und man neue Mitarbeiter einstellen muss.

Neben diesem PR-Schub ist der Werbeeffekt eines Stellenangebotes nicht zu unterschätzen, da immer mehr Menschen diesen Anzeigenteil aufmerksam lesen.

Da man davon ausgehen kann, dass die angebotenen Stellen eh schon vergeben sind… „Vitamin B sei Dank"… ist die Anzeige nur noch Werbung in eigener Sache und evtl. auch noch zur Befriedigung des Betriebsrates angedacht.

Dasselbe gilt natürlich auch für interne Stellenausschreibungen.

Einige Firmen fahren sogar Sonderaktionen wie „ Deutschland sucht den Superazubi" oder nehmen noch die Fußballweltmeisterschaft als Aufhänger für ihre Azubi-Suche.

Der Leser denkt sich dann: „ Toll diese Firma! Die tut etwas gegen die Ausbildungsmisere in Deutschland und schafft Arbeitsplätze. Die müsste ich eigentlich unterstützen. Ich kaufe jetzt nur noch dort ein." Da sind die Skandale der letzten Wochen, die dieses Unternehmen überschattet haben, wie in Luft aufgelöst.

Und schon hat dieses Unternehmen einen Kunden mehr und das Image ist auf Hochglanz gebracht worden und das nur durch eine Stellenanzeige.

Wenn der Leser wüsste, dass diese Firma im Vorjahr auch schon eintausend Auszubildende einge-

stellt hat und 250 von denen schon in der Probezeit gekündigt wurden, ein Drittel der Stellen bereits für die Kinder, Neffen und Verwandten der
Mitarbeiter verplant ist, die Kapazität der Ausbil-
dungsplätze mit eintausend nur zu fünfundsiebzig
Prozent ausgeschöpft ist und die Auszubildenden
drei harte Jahre, voll gepackt mit Leistungsdruck
und sehr hoher Erwartungen, vor sich haben,
würde dies bestimmt ein Umdenken bewirken.

Schlimmer wird es dann nur noch, wenn in dubio-
sen Anzeigen mit extrem hohen Verdienstmög-
lichkeiten geworben wird. Da diese eher kleineren
Inserate sich auch immer wiederholen, gehe ich
davon aus, dass sich wirklich manche Leute darauf melden und sich auf diese Abzocker einlas-
sen.

Hallo?? Einen Job, in welchem man zwölftausend
Euro und mehr im Monat verdient, gibt es bestimmt. Aber dieser Mitarbeiter wird bestimmt
nicht im Wochenblatt gesucht und kann man auch
sicherlich nicht als Quereinsteiger anfangen.

Da ist immer ein Haken dran, wenn man so etwas
liest.

Die Herausgeber dieser Zeitungen in denen offen-
sichtliche Betrüger werben, sollten sich was
schämen; denn es ist auch für einen Laien mit etwas gesundem Menschenverstand erkennbar, dass

manche Inserate definitiv keinen ehrlichen Hintergrund haben und nichts zu einer Verbesserung am Arbeitsmarkt beisteuern.

Wenn man jetzt denkt, dass die Personalverantwortlichen sich durch 500 eingegangene Bewerbungen wühlen, der liegt falsch.
Als erstes werden die Bewerbungen von einer Sekretärin oder einem Praktikanten aus den Umschlägen geholt. Dann erfolgt die erste Sichtung, in der nach Eselsohren und kleinsten Verschmutzungen oder Beschädigungen der Mappen gesucht wird.
Bis dahin wurde nicht in eine einzige Bewerbung geschaut.
Nun werden die Mappen kurz eingesehen. Wenn das Gesicht des Bewerbers, die Schriftart, die Schriftgröße und die Wahl des Papiers nicht den Vorstellungen des Personalsachbearbeiters entsprechen, landet die Bewerbung umgehend im Papierkorb.
Beim letzten Drittel der Bewerbungen wird nun selektiert. Diejenigen die nicht zu hundert Prozent den Anforderungen entsprechen, auch minimale Abweichungen bei Alter, Wohnort, oder ethnischer Herkunft werden nicht toleriert. Erst zum Schluss wird dann nach den Qualifikationen, Fä-

higkeiten und Erfahrungen der Bewerber geschaut.

Also eine objektive und sinnvolle Auswahl der
Bewerber besteht bei der Masse der Bewerbungen
in keinem Fall.

Ein ganz wichtiger Faktor für eine Absage ist die
berufliche Situation des Bewerbers. Denn war
man längere Zeit arbeitslos, wie ich zum Beispiel,
dann hat man, trotz sehr guter Qualifikationen,
Zeugnisse und einem perfekten Bewerbungs-
schreiben, eigentlich gar keine Chance auf eine
positive Antwort.

Beinahe alle Unternehmen schreiben in das Anforderungsprofil, dass eine mehrjährige Erfahrung
von Vorteil wäre. Nur bitte wie soll man Berufserfahrung sammeln, wenn einem keiner die Chance dazu gibt???

Einige übertreiben ihre Wünsche dermaßen extrem, dass man an deren Zurechnungsfähigkeit
zweifelt.

Da werden Mitarbeiter gesucht, die einen Einser
BWL Abschluss haben, mindestens fünf Jahre
Berufserfahrung im „Upper Management" vor-
weisen können, aber möglichst nicht älter als
Fünfundzwanzig sind.

Anfangs denkt man noch, dass man dort vielleicht doch eine Chance hat, obwohl man den Anforderungen nicht ganz entspricht, aber wenn man nur noch Absagen zurückbekommt, hat man nach einiger Zeit „die Schnauze" gestrichen voll. Man schraubt seine eigenen beruflichen Wünsche und Vorstellungen zurück und ist nach einiger Zeit durch die aufgebaute Frustration und die Vielzahl der Enttäuschungen bereit, weitaus schlechtere Arbeit anzunehmen.

Hinzu kommt, dass etliche Unternehmen verdammt schlampig mit den Bewerbungen umgehen.

Falls die Bewerbungsmappen mitsamt den Fotos überhaupt zurückkommen, sind diese teilweise mit Eselsohren versehen, mit Fettflecken übersät oder die Kunststoffmappen so verknickt, dass man diese kein zweites Mal verwenden kann.

Man bekommt zwar für die Bewerbungen Unterstützung vom Arbeitsamt, aber nichts desto trotz, ist es eine absolute Frechheit, wie mit dem Eigentum anderer umgegangen wird.

Sollte jemand denken, dass sich nur kleine Firmen so benehmen, dann täuscht derjenige sich gewaltig, denn gerade die „Großen" und „Bekannten" aller Branchen verstecken sich hinter ihrem Namen.

3. Das Vorstellungsgespräch

Als erstes möchte ich drei Beispiele bringen... na ja, ich sage mal lieber... drei kleine Anekdoten aus meiner Anfangszeit als Arbeitssuchender, in der ich noch voller Elan war und der Arbeitseifer nur so aus mir heraussprudelte.

Ich war vierundzwanzig, bereit die Welt zu verändern und es allen zu zeigen.
Da kam das Schreiben von der Agentur für Arbeit gerade richtig.
Meine Sachbearbeiterin freute sich, mir folgende Stelle anbieten zu können:
Stellvertretender Geschäftsführer für den Bereich Verkauf von Hochwertigen Uhren, gutes Anfangsgehalt, Sozialleistungen, Urlaubs- und Weihnachtsgeld.
Also alles perfekt auf mich zugeschnitten. Ich sah mich schon im eleganten Zweireiher an einem dieser schweren und antiken Schreibtische, mit dunkelgrüner Unterlage, im Gespräch mit potentiellen Kunden für Rolex, Carthier, Breitling und Co.
Aber ich hatte mich zu früh gefreut, dieses Stellenangebot kam direkt vom Titisee, ziemlich genau sechshundert Kilometer weit entfernt.

Sekt oder Selters fragt ich mich…nein, das war mir nicht genug, ich wollte Champagner und den auch nur aus dem Bauchnabel einer oder zweier blonden Schönheiten…

Es war mir egal. Für so einen Job gäbe ich hier alles auf.

Drei Wochen nach der Bewerbung kam ein Anruf wegen einem Vorstellungsgespräch. Ich war mehr als glücklich.

Eine Woche später war es dann soweit, Route ausgedruckt, ein paar Sachen gepackt (wenn man schon mal da unten ist, will man sich ja auch ein paar Tage die Gegend ansehen), den alten Daimler voll getankt und ab auf die Bahn.

Nach ein paar Stunden Fahrt und einigen Umwegen kam ich in Titisee-Neustadt an, gerade noch rechtzeitig genug, um mich auf einem Parkplatz in Schale zu schmeißen und noch genüsslich einen Kaffee zu trinken.

Zuerst wunderte ich mich über die Anzahl der internationalen Touristen und fand es insgeheim toll, meine schwer erlernten Sprachkenntnisse endlich mal anwenden zu können.

Ich machte mich zu der angegebenen Adresse auf. Leider fand ich dort kein Uhrengeschäft, sondern nur einen riesengroßen Laden, in dem das ganze Ramschsortiment für Touristen angeboten wurde.

Neben bedruckten Tassen, absolut kitschigen Weihnachtskugeln und hässlichen Püppchen und Figürchen, gab es dort natürlich auch Uhren.

Der Exportschlager aus Baden-Württemberg, die gemeine Kuckucksuhr.

Ich ging in den Laden und befand mich inmitten von Japanern und Australiern. Von allen Seiten dröhnte dieses Geräusch, dieses „Kuckuck", welches ich seit meiner Kindheit hasste, wie nichts anderes.

Jawohl, ich hatte damals auch eine Kuckucksuhr in meinem Zimmer, bis ich dann ein Luftgewehr geschenkt bekam…

Ein Traum wurde zum Albtraum.

Meine Erwartungen und Wünsche, von vor einer Woche, waren dahin. Aber das Beste kam noch, das Gespräch mit dem Chef.

Ein schmieriger, ekelhafter Typ, der meinte, er sei mit seiner Uhrenfabrik der Größte.

Unmenschliche, auf den Tourismus angepasste Arbeitszeiten im Sommer, dafür im Winter mehr Freizeit. Es gab einen Zeitpunkt in diesem Gespräch, da hätte ich dem fast ein paar Wörter an den Kopf geschmissen, die Gott mir verboten hat.

Auf meine Frage nach der Stellenbeschreibung, wo das Wort „stellvertretender Geschäftsführer" erwähnt wurde, meinte er mit seinem ätzendem

Akzent: „Wissen sie, guter Mann, ich betreibe dieses Unternehmen seit 30 Jahren und habe Mitarbeiter die von Anfang an dabei sind, die haben natürlich Vorrang.

Aber wenn sie gut sind, und sich als Abteilungsleiter hier beweisen, dann haben sie hier auch eine gute berufliche Perspektive."

Innerlich dachte ich nur: „Was will mir dieses „Arschloch" erzählen??? Ich bin Handelsfachwirt. Ich kann seine Bilanz auseinander nehmen, wieder zusammenfügen und habe noch fünftausend Euro übrig... und der will mich als angehenden Abteilungsleiter einstellen, obwohl ich mich als stv. Geschäftsführer beworben habe??? Dafür fahr ich sechshundert Kilometer quer durch Deutschland in dieses Touristenkaff???"

Nur ich war damals zu feige, um ihm meine Meinung zu geigen.

Hätte ich damals das Wissen von heute gehabt, hätte ich den so richtig zur Schnecke gemacht...

Er hat mir zwar noch angeboten, mir vorerst eine Wohnung zur Verfügung zu stellen, aber ich konnte nur noch antworten, freundlich wie ich war, dass ich für diese Entscheidung noch Bedenkzeit bräuchte.

Vor lauter Wut, Frust und Enttäuschung habe ich mich dann noch ins Auto gesetzt und bin noch am gleichen Tag wieder zurückgefahren…

Das was mich daran heute noch wundert und stört, ist, dass das Arbeitsamt so eine Firma überhaupt noch zulässt und versucht, diese an Arbeitssuchende, zu vermitteln, denn auch heute noch liest man immer wieder die gleiche Stellenanzeige auf die ich damals auch mehr oder weniger „reingefallen" bin.

Einige Zeit später habe ich wieder einen Vorschlag vom Arbeitsamt erhalten, der zwar auch nicht das Gelbe vom Ei war, aber besser als nichts.

Bei einer Bezirksleiterin für eine Selbstbedienungs-Bäckerei, sollte ich mich telefonisch vorstellen, da diese einen Filialleiter suche…

Sie lud mich direkt zu einem Gespräch ein, ohne nach Qualifikation und Erfahrung zu fragen.

Dort angekommen, fand ich dort nur ein leeres Ladenlokal, mit ein paar Handwerkern und einer total hektischen Frau mittleren Alters mit Mobiltelefon am Ohr vor.

Ich stellte mich vor und übergab ihr meine Unterlagen. Nach einem kurzen Smalltalk sah ich mich bereits als Angestellter. Wir einigten auf ein einwöchiges Praktikum bis zur Eröffnung der Filiale. „Na ja, dann bin ich halt mal eine Wochen Handwerker", dachte ich mir, „aber wenn ich dann Filialleiter bin, ist das schon in Ordnung. Auch der vereinbarte Stundenlohn während des Praktikums in Höhe von sieben Euro ist ja OK. Dann kommt bestimmt noch eine richtige Gehaltsverhandlung…"

Pustekuchen!… Am dritten Tag, nach viel geflossenem Schweiß, mehreren zusammengebauten Öfen und Theken, kam dann die Ernüchterung, der Stundenlohn von sieben Euro sollte bei einer Sechs-Tage-Woche zur Dauerentlohnung werden, für alle gleich, ob Bäcker, Verkäuferin, Reinigungskraft und halt für den Filialleiter…

Die angehenden Kassiererinnen und der Bäcker haben die Frau nur ausgelacht und gefrotzelt, dass sie für so wenig Geld nicht mal aufständen. Die Bezirksleiterin aber brachte ein Argument, welches doch einige überzeugte, nämlich dass man ja nicht ewig Unterstützung vom Arbeitsamt bekäme, und schließlich in die Sozialhilfe abrutscht.

Ich habe ihr mal vorgerechnet, was bei mir bei einem Stundenlohn von sieben Euro Brutto übrig bliebe, meine Kosten abgezogen, vor allem die Spritkosten für die sechzig Kilometer jeden Tag.

Mit viel Glück blieben nach Abzug der Steuern und Sozialabgaben vielleicht 3,50 Euro übrig, und da meine sechzehnjährigen Leerguthilfen damals schon vier Euro die Stunde bekommen hatten, habe ich mich dann auch ziemlich schnell dort verabschiedet.

Dann kam eine lange Zeit der Dürre bei der Stellensuche, bis ich auf der Homepage eines großen Filialunternehmens im Bereich Lebensmittel und Haushaltswaren auf eine Stellenausschreibung stieß.

Ein „Hausleiter" wurde gesucht Natürlich war mir bewusst, dass ich nicht direkt diesen Posten bekäme, aufgrund mangelnder Erfahrung und meines jungen Alters. Aber ich erlaubte mir dann doch, mich dort zu bewerben, da das Anforderungsprofil, grob auf mich passte.

Nach einer halben Ewigkeit bekam ich dann endlich eine positive Antwort auf mein Schreiben und wurde in eine Filiale zum Gespräch gebeten.

Zum geladenen Termin bin ich pünktlich und akkurat aufgestylt erschienen, nur in der Filiale wusste keiner von meinem Termin und der Name meines Gesprächspartners war den Leuten auch nicht bekannt. Nach einigem hin- und hertelefonieren, stellte sich heraus, dass der gute Herr noch in einer anderen Filiale aufgehalten wurde und ich wurde gefragt, ob ich nicht dorthin kommen könnte oder hier noch ein wenig warten könnte.

Ich kannte mich in der Gegend nicht aus, wählte also die zweite Variante und ging noch ein Eis essen. Natürlich ließ der Typ mich noch zwei geschlagene Stunde warten. Die Sekretärin war freundlich und bot mir sogar einen Kaffee an, versuchte mich bei Laune zu halten und entschuldigte sich ein paar Mal für die Warterei.

Als der Personalverantwortliche dann endlich erschien, konnte es losgehen.

Auch er entschuldigte sich für seine Verspätung und begründete diese auch noch mit irgendwelchen unglaubhaften Argumenten.

Dazu kam noch, dass er angeblich auch keine Zeit hatte, sich meine Unterlagen anzusehen, also durfte ich ihm meinen Lebenslauf und alles andere noch mal erläutern.

Anstatt dann zu fragen, warum ich mich auf diesen Job beworben oder warum ich bei meinem vorherigen Arbeitgeber gekündigt habe, die typischen Fragen bei einem Bewerbungsgespräch halt, fragte er mich nach den Noten, meiner Ausbildung und meines Studiums zum Handelsfachwirt…

Dann kam noch die Frage, ob ich mir den Markt mal angeschaut hätte und wüsste, was die Erdbeeren denn heute kosteten? Ich war ganz verdutzt und fragte noch, ob er das jetzt wirklich von mir wissen wollte und sagte ihm, dass ich mir den Laden oberflächig angeschaut habe, aber den Preis der Erdbeeren nur schätzen kann und sagte ihm einen ungefähren Preis.

„Ja fast" sagte er „ sehen sie, das sind so grundlegende Sachen, die man als Hausleiter wissen muss, hier geht es sehr in die Details."

Er schlug mir dann vor als stellvertretender Abteilungsleiter anzufangen, alle Abteilungen mal durchzugehen und dann könnte man mal weiter sehen.

Aber als erstes so als Praktikum solle ich doch mal bei einer Neueinrichtung eines Marktes eingesetzt werden, um das Sortiment besser kennen zu lernen, das sei zwar richtige Knochenarbeit, aber da lerne man das am besten.

…Einige Szenen aus einem ultrabrutalen Computerspiel aus meiner Jugend schossen mir durch den Kopf…

aber ich fragte freundlich, was das jetzt solle? Ich habe mich als Hausleiter beworben und nicht als Packhilfe. Ich habe nicht umsonst eine gute Ausbildung und ein Studium hinter mich gebracht, um dann als Hilfsarbeiter eingesetzt zu werden und Konserven durch die Gegend zu schieben.

„Aber Mein Herr, so dürfen sie das ja nicht sehen, sie müssen ja auch unser Unternehmen kennen lernen, und da ist es am besten, wenn man das von der Pike auf lernt."

Da war das Gespräch auch schon so gut wie vorbei und ich wusste, dass das auf keinen Fall eine Perspektive für mich sei.

Aber wie meine Mutter immer sagt: „Wer weiß wofür es gut ist...?"

Aber nun zu den eigentlich interessanten Firmen, bei denen ich mich vorgestellt habe, den „Riesen" der Discounterbranche.

Das erste Mal, dass ich Interesse an einem Discounter bekam, war kurz nach meiner Ausbildung.

Zu diesem Zeitpunkt war ich, zwar in einer festen Anstellung in meinem Ausbildungsbetrieb, aber doch nicht wirklich zufrieden. Nach einigen gescheiterten Bewerbungen hatte ich mich dann entschlossen ein nebenberufliches Studium zum Handelsfachwirt in Angriff zu nehmen.

Eines Tages dann, stach mir beim abendlichen Durchstöbern des Stadtanzeigers eine Anzeige ins Auge. Ein Viertel der Seite wurde verwendet um möglichst viele mögliche Bewerber zu begeistern und zu angeln. 100.000 D-Mark Jahresgehalt, dreizehntes und vierzehntes Gehalt, Verantwortung für eine eigene Filiale, vierzig Stunden Woche, Urlaub, und und und... wurden angepriesen. Kaum hatte ich die Anzeige zu ende gelesen, fuhr mein PC auch schon hoch, und ich schrieb eine perfekte Bewerbung, welche ich direkt am nächsten Morgen persönlich abgeben wollte. Na ja bis zum Pförtner bin ich gekommen...aber egal, diese perfekte Bewerbung mit der Qualifikation, das musste einfach klappen. Drei Wochen später hatte ich dann den Termin und ich stellte mich schon einmal darauf ein, meinem derzeitigen Arbeitgeber zu kündigen.

Machte mir schon Gedanken wegen der Kündigungsfrist, trauerte schon meinen Kassiererinnen hinterher, aber freute mich auch schon irgendwie auf diese neue Herausforderung.

Ich war mir also ziemlich sicher, dass ich den Job bekäme, aber es kam dann doch alles anders.

Das Interview lief eigentlich perfekt, selbstsicher und überzeugend schilderte ich meinen beruflichen Werdegang und die mir gestellten Fragen beantwortete ich direkt und sachlich. Selbst die Aussage, dass man geringe Aufstiegschancen hat, war mir egal, ich wollte diesen Job unbedingt haben. Aber es wäre wohl zu schön gewesen, um wahr zu sein.

Als ich meinem Gegenüber von meinem nebenberuflichen Studium erzählte, wurde er stutzig und als er hörte, dass ich wohl an zwei Abenden in der Woche früher Feierabend machen müsste, um zur Uni zu fahren, meinte er nur: „Nein, das geht nicht. Unter gar keinen Unständen"

Ich fragte ihn daraufhin, wo das Problem läge, wenn ich meinen freien Tag auf den Mittwoch legen und montags 2 Stunden früher gehen würde? Oder ich meinen freien Tag auf Montag und Mittwochnachmittag aufteilen würde?

Mein Fachwissen, welches ich mir dort aneigne, würde auch für das Unternehmen von Vorteil sein. Er schüttelte nur den Kopf und meinte, dass man Filialleiter wird und dies auch bleibt, wenn man seine Sache gut macht, dann auch bis zur Rente, da braucht man kein Studium oder Abendschule oder sonst was. Ich solle die Fortbildung sein lassen, ansonsten kommen wir auf keinen Nenner. Da war für mich klar, dass das doch nichts für mich ist, trotz des Angebotes und des hohen Gehaltes.

„Dann kommen wir wohl nicht zusammen", sagte ich ihm, bedankte mich für das Gespräch und machte mich wieder auf den Weg.

Als ich aus seinem Büro ging, meinte er noch, ich könne mich doch wieder melden, wenn ich mit dem Studium fertig sei...

Das habe ich bis heute nicht getan und habe das in Zukunft auch nicht vor.

Ein paar Jahre später habe ich mich wieder bei einem Discounter beworben, aber dieses Mal aus der Arbeitslosigkeit heraus und mit dem Handelsfachwirt in der Tasche.

Zum ersten Termin, 40 Kilometer von meinem Wohnort entfernt, musste mich ein guter Freund fahren, da mein Auto in der Werkstatt stand.

An der Anmeldung sagte man mir, dass ich den Termin doch hätte bestätigen sollen, so wie es im Einladungsschreiben stand.

Zum Glück hatte ich das Schreiben bei mir...

Nachdem sich die Sekretärin, oder Assistentin, oder was auch immer, sich mehrfach für ihr Missgeschick entschuldigt hatte, fragte sie mich doch ernsthaft, ob ich nicht die zwei Stunden warten möchte, bis mein Gesprächspartner wieder im Haus sei.

Ich habe dankend abgelehnt, und gebeten, mir einen neuen Termin zukommen zu lassen.

Eine Woche danach sollte ich dann doch die Chance bekommen meiner Arbeitslosigkeit ein Ende zu setzen und endlich das ersehnte Gespräch zu führen. Natürlich habe ich, bevor ich mich auf den Weg machte, die Sekretärin angerufen und mir den Termin noch mal bestätigen lassen.

Meine Gesprächspartnerin, eine Frau um die vierzig, adrett gekleidet, sehr cool und sicher in ihrem Auftreten, entschuldigte sich dann als erstes noch einmal bei mir und versuchte, Fehler ihres Personals auf eine EDV-Panne abzuwälzen.

Darauf folgte dann eine Erläuterung der Firmengeschichte, der Struktur und der Philosophie.

Natürlich durfte auch eine Erläuterung der wirtschaftlichen Lage der Nation nicht fehlen.

Mein Gott, die hätte in der Politik einiges erreicht, oder in einer Selbsthilfegruppe für „alles-schwarz-seher" sicherlich einen Platz gefunden.

Wie hart der Wettbewerb doch ist und man in dieser Branche nur überleben kann, wenn man Kosten einspart... hätte ich ihr ein Taschentuch gereicht, hätte die bestimmt angefangen zu heulen.

Mal abgesehen davon, dass man Kosten nicht sparen kann, und dass man als Arbeitsloser mehr als gut über die wirtschaftliche Situation in der BRD informiert ist, habe ich dieses Gespräch doch als positiv gewertet.

Ich weiß nicht, ob die zuerst alles Negative auf dieser Welt aufzählen wollte, um mich dann mit den positiven Eigenschaften Ihres Unternehmens zu faszinieren. Irgendwie erinnerte mich diese Situation an die Klinkenputzer der Zeugen Jehovas.

Zumindest wurde ich mit den Worten verabschiedet: „Wir melden uns bei Ihnen wegen des Termins zum Zweitgespräch. Dann sehen wir uns in circa einer Woche. Auf Widersehen."

Zwei Tage später kam dann meine Bewerbung zurück. Naja, nur eine von ca. einhundertfünfzig Absagen.

Das letzte Gespräch was ich geführt habe, war dann doch positiv….mehr oder weniger.

Angefangen hatte alles damit, dass ich mich mit dem Vater eines guten Bekannten unterhalten habe, der als Jobvermittler im Dienst der Stadt, tätig ist und der seine Beziehungen hat spielen lassen. Dieser meinte sofort, dass er genau das richtige für hätte, um wieder ins Arbeitsleben einzusteigen.

Ich habe mich eigentlich wieder mental darauf eingestellt in einem Büro, in einer Zentrale mit einem Personalleiter oder einem Regionalleiter zu reden. Aber ich musste mit einem Bezirksleiter im Personalraum einer Filiale vorlieb nehmen, welcher mich natürlich auch erst einmal warten ließ. Der Vater meines Bekannten war auch anwesend.

Eigentlich hatte ich die Schnauze voll von Discountern, aber wenn man Hartz 4 Kunde ist, hat man nicht wirklich Auswahlmöglichkeiten und reißt sich am Riemen.

Mein Gesprächspartner, der auch sehr gut gekleidet war, begrüßte mich freundlich und bot mir direkt einen Kaffee an und schon war das Eis gebrochen… dachte er.

Der Zwei-Meter-BWL-Student stellte sich kurz vor und dabei kam heraus, dass er selbst erst ein paar Monate in dem Unternehmen angestellt war. Da fragte ich mich schon, wie die Geschäftsleitung diesem Mann so eine Entscheidung überlassen kann? Der hat wahrscheinlich selber seine Probezeit noch nicht um und entscheidet, wer Filialleiter wird und wer nicht.

Er lobte das Unternehmen und machte die anderen Discounter schlecht, obwohl er vorher bei einer dieser Firmen gearbeitet hatte, das zeigt nicht gerade eine loyale Einstellung zum Arbeitgeber.

Ich schilderte ihm nochmals meinen Lebenslauf, da er wohl nicht wirklich damit klar kam, dass ich meinen Lebenslauf in schulischen und beruflichen Werdegang aufgeteilt hatte.

Nachdem ich ihm anschließend noch ein paar typische Vorstellungsgesprächs-Fragen beantwortet hatte, schaute er in das Heftchen mit dem Tarifvertrag, welches auf dem Tisch lag.

Nach einiger Zeit des Rumblätterns und des Rechnens sagte er mir dann, dass ich entweder die summe x oder die summe y bekäme, er müsse sich da noch genauer informieren, aber da liegen ja eh nur 80 Euro zwischen. Aber der richtige Vertrag würde dann in zwei Wochen abgeschlossen.

Wir einigten uns auf ein zweiwöchiges Praktikum, bevor ich dann Anfang Dezember als Verkaufsstellenverwalter zur Einarbeitung eingestellt wurde.

Bei der Verabschiedung meinte der Jobvermittler noch, dass ihm viel daran liege, dass ich die Stelle bekäme.

Das Gesamtergebnis hatte mich zufrieden gestellt, obwohl ich den Eindruck hatte, dass es dem Typ irgendwie an Kompetenz und Fachwissen mangelte. Ich war also noch nicht wirklich sicher, dass ich den Job überhaupt erhielte, da ich das Gefühl hatte, dass dieser Mensch nicht wirklich für meine Einstellung zuständig sei.

So bin ich nach längerer Zeit der Arbeitslosigkeit bei einem Discounter gelandet.

4.Das Discounter-Einkaufs-Management

Der hat die Aufgabe für das Unternehmen die günstigsten Anbieter von Waren zu finden und Preise jenseits von Gut und Böse rauszuschlagen.

In jedem Buch, welches sich mit der Betriebswirtschaftslehre befasst, steht:

„Im Einkauf liegt der Erfolg eines Unternehmens!"

Wenn man diesen Satz richtig liest, fällt einem auf, dass vom Erfolg „eines Unternehmens" die Rede ist. Sieht man den klassischen Einzelhandel, müsste es heißen: „In der Kommunikation zwischen Einkauf und Verkauf liegt der Gewinn eines Unternehmens."

Aus der Sicht eines Herstellers kann man eigentlich keinen besseren Kunden haben, als einen Discounter. Es wird meistens die komplette Produktion abgenommen, gute Zahlungsmoral, zwar nicht die besten Preise, aber die Menge macht's…

nur muss man aufpassen, dass man nicht unterboten wird, sonst ergeht es einem wie zum Beispiel der Firma Borgmann aus Essen.

Die komplette Produktion wurde an „den" einen Kunden angepasst und auf einmal wurde der Vertrag nicht verlängert und hunderte Mitarbeiter standen auf der Strasse.

Ein sehr guter Freund war einige Zeit im Einkauf bei einem Discounter tätig, dieser hat mir berichtet wie es ihm ergangen ist...

Firmenwagen der Oberklasse, sehr gutes Gehalt, großzügige Firmenwohnung zuzüglich eines All-inclusive-rundum-sorglos-Paketes. Nur man hat keine Möglichkeit sein Geld auszugeben oder irgendwas in seiner knapp bemessenen Freizeit zu unternehmen. Die einzige Dorfkneipe macht um 22 Uhr dicht und die Bordsteine werden hochgeklappt, sobald sich Hase und Igel „Gute Nacht" sagen. Das Zwischenmenschliche fehlt komplett. Der Mitarbeiter verliert fast jegliche soziale Beziehung zur Außenwelt, nur noch zu den Arbeitskollegen hat man engeren Kontakt und ist sozusagen nur noch für seine Firma da...

Dazu kommt der Erfolgsdruck von allen Seiten.

Ein 27jähriger Newbie, der gerade sein Studium beendet hat, wird dazu gedrängt, einen alteingesessenen Geschäftsführer eines großen deutschen Industriebetriebes am Telefon richtig zur Schnecke zu machen, damit doch noch ¼ Cent eingespart wird.

Weigert man sich, jemanden anzuschreien oder zu drohen, verliert man nicht nur seinen Job, sondern auch seine Würde. Das „Upper" Management ist durch die Anwendung von Sunzi´s und Clausewitz´s Lehren, zum Kriegsschauplatz geworden... getreu dem Motto: „Marschier oder stirb."

5. Der Regionalleiterleiter

Da gibt es den einen, den obersten Chef in dem Bezirk mit Verantwortung für ca. 70-90 Filialen, vor dem alle Angst haben. In den Tagen vor einem angekündigten Besuch werden Überstunden gemacht, freie Tage gestrichen und extra mehr Leute eingeplant, die den Laden in Ordnung bringen, alles putzen, aufräumen und nachkontrollieren.

Da fallen dann so Sprüche wie z.B.: „das musst du aber so und so machen, oh mein Gott, wenn der Regionalleiter DAS sieht, kannste deine Sachen packen" Ich weiß nicht mehr, worum es genau ging, aber es war eine für mich logische Schlussfolgerung und der Kollege hat so getan, als hätte ich die Firma an den Rande des Ruins getrieben.

„Warum hat der so eine Angst vor dieser Person?" hab ich mich gefragt???..... und ich bin zu dem Ergebnis gekommen, dass das alles Methode ist.

Der Regionalleiter würde bei einem Filialbesuch niemals den Filialleiter oder das Personal zusammenstauchen, bzw. ermahnen.

Er schreibt sich vielleicht einiges auf oder merkt sich einiges, und wenn er dann wieder in seinem Auto sitzt, ruft er den Bezirksleiter, der für diese Filiale verantwortlich ist, an und macht den so richtig nieder, droht mit Entlassung und sagt, dass das noch ein Nachspiel habe und die Geschäftsleitung auch schon informiert sei ...alle Mittel werden ausgeschöpft, um den Leistungsdruck auf die Untergebenen und die eigene Prämie zu erhöhen, um dann nachher als knallharter Geschäftsmann/-frau dazustehen.

Auch wenn dabei die Wahrheit ein wenig in Mitleidenschaft gerät.

6. Der Bezirksleiter

Er entwickelt eine natürliche Angst, gegenüber dem Regionalleiter, bedingt durch die angeblich akute Gefährdung seines Arbeitsplatzes und erhöht dadurch seine eigene Einsatzbereitschaft.

Das Problem, das es angeblich in der Filiale gibt, wird aufgebauscht und zu einem Staatsakt, auch wenn es nur ein Karton war, der nicht 100% gerade im Regal platziert wurde.

Ich denke, es gibt Bezirksleiter, die vernünftig mit den Verantwortlichen in der Filiale reden und dann so Sätze sagen wie…: „dann müssen Sie mal Ihre Leute mehr motivieren" oder „sie schaffen das schon"

Und meinen eigentlich damit: „wenn das morgen nicht erledigt ist, mach ich dir die Hölle heiß." Was sie dann auch tun.

Andere wiederum wenden die „Guter Chef – Böser Chef" - Methode an. Sie gehen mit einem befreundeten Bezirksleiter in die Filiale, der eine regt sich auf und der andere bleibt ruhig und ist zum Schein auf der Seite des Filialleiters, um den weich zu kochen.

Das sind nur 2 Varianten, wie der Druck der zuerst an die Bezirksleiter abgegeben wurde, noch stärker und intensiver an die Filialleiter weitergegeben wird. Auch hier sind Versetzung, Kündigung und „Stunden kürzen" beliebtes Druckmittel.

Dabei kann der Schuss auch nach hinten losgehen... wenn z.B. ein Filialleiter sich bei dem Regionalleiter über die Arbeit des Bezirksleiters beschwert und dem Filialleiter recht gegeben wird, weil der Filial- und Regionalleiter sich gut verstehen, hat man als Bezirksleiter nicht nur den Druck von „Oben" sondern auch von „Unten"

Der Bezirksleiter hat wohl den undankbarsten Job im Einzelhandel, den ich mir denken kann...

Die Bezirksleiter, die ich kennen gelernt habe, sind nicht wirklich die hellsten... sie arbeiten treu nach dem Motto: „Ich muss nicht alles wissen, ich muss nur jemanden kennen, den ich fragen kann".

Nur um ein Beispiel zu nennen, ist der BL, der mich eingestellt hat, bei der Vertragsunterzeichnung in einen anderen Raum gegangen, um jemanden anzurufen, der ausrechnen sollte, wie viel Berufserfahrung ich doch hätte.

Jemand, der verantwortlich für Neueinstellungen ist, sollte doch so etwas aus einem Lebenslauf erkennen können, oder?

Ich musste dem sagen, dass der Urlaubsplan, den er grade genehmigt hatte, fehlerhaft war, da mir in der Probezeit nicht 3 Wochen Urlaub zustehen.

Ein anderer meinte, dass ich doch schneller arbeiten solle, meine Schnelligkeit entspräche nicht den Anforderungen des Unternehmens.

Meine Antwort darauf war, dass ich meine Arbeiten

gewissenhaft und ordentlich verrichte, dass ich auch mal nach links und nach rechts schaue und direkt die Pappe aus den Regalen ziehe, wenn ich z.B. den Pudding ins Regal räume und ich dadurch effektiver arbeite, damit ich nicht 2 oder 3 mal zu einem Regal hin müsse. Und außerdem sieht das dann ordentlicher aus.

Um nicht ganz blöde da zu stehen, meinte er dann nur: Na ja wissen Sie, wir sind ein Discounter …

Da war mir klar, dass dieses Gespräch es nicht mehr wert war, weitergeführt zu werden.

Bei einer Umbaumaßnahme in einer anderen Filiale waren mehrere Bezirksleiter anwesend.

Nur einer von ihnen hatte es nötig sich mir vorzustellen. Nicht gerade die feine englische Art.

Die taten alle so, als ob die was Besseres wären, immer ganz wichtig mit dem Handy am Ohr.

Wieder ein anderer meinte zu mir, dass ich doch mal die Mitarbeiter motivieren soll…

Darauf ich: würde ich gerne machen, hätte auch schon Ideen wie man das am besten machen könnte, wenn ich die Zeit dafür hätte. Dazu kommt noch, dass ich nicht motivieren kann, was nicht da ist...wenn ich die Bestellungen mache, soll ich dann der Kollegin an der Kasse zurufen, dass ich das toll finde, dass sie sich so für das Unternehmen und ihre Kollegen einsetzt und ihren Job wirklich gut macht?

Einmal bekam ich mit, wie sich zwei Bezirksleiter über eine eingegangene Bewerbung lustig machten. Da fielen dann so Sprüche wie:

„Der Typ ist Maurer und bewirbt sich als Filialleiter?? Das kann doch nicht sein. Der kann gerade mal Steine stapeln und will eine Filiale leiten?"

„Oh mein Gott, jetzt bekommen wir schon Bewerbungen von solchen Assis"

... soviel zum Thema objektive Bewerbungsanalyse.

Bevor ich meinen Vertrag bekommen sollte, habe ich 2 Wochen als Praktikant absolviert und sollte mit dem Bezirksleiter durch seinen Bezirk fahren und Testkäufe machen.

Es wäre ein wunderschöner Tag gewesen, wenn es nicht Ende November gewesen wäre und Petrus uns mit jeder Menge Schnee beglückt hätte, denn der "Chef" war mit Sommerreifen unterwegs.

Nicht dass ich Angst gehabt hätte, als der mit 180 über die Autobahn flog oder durch die verschneiten Dörfer bergauf und bergab, den Blick überall dahin wo etwas weibliches war, nur nicht auf der Strasse.

Aber er hatte ja jemanden dabei, der anschieben konnte.

Während der Fahrt wurde ich dann unter anderem gefragt, wo man denn am Wochenende hingehen könnte, denn er war ja nicht aus der Gegend.

Ich nannte ihm einige Clubs und Discotheken, unter anderem auch eine total schäbige, ätzende und asoziale Lokation.

Daraufhin er: „ Ach, die kenne ich. Da war ich vor 14 Tagen auf dieser fünfzig Cent Party, jedes Getränk nur Fünfzig Cent. War toll da, auch ordentliches Publikum und viele nette Frauen."…

Wenn ich heute an diese Situation zurückdenke, fallen mir nur zwei Sätze ein:

1. Gut, dass da auch Maurer verkehren.
2. wenn ich da gewusst hätte, dass der verheiratet ist und einen Sohn hat, hätte ich dem direkt einen passenden Spruch verpasst.

Eines Morgens hatten wir ein Problem mit der Bürotür. Der Schließzylinder war ein wenig defekt und das Aufschließen dauerte ein paar Augenblicke länger als sonst. Das war halt ziemlich nervig und wurde immer schlimmer, so informierte ich den Bezirksleiter, indem ich ihm auf seine Mailbox sprach.

Später, am frühen Abend, rief er dann an und erkundigte sich nach der Tür. Er wollte alles genau wissen...er tat so, als ob er Fachingenieur für Schließmechanismen sei und diesen Schließzylinder konstruiert habe. Aber ich wusste genau, dass er wieder mal den absoluten Durchblick bei völliger Ahnungslosigkeit hatte.

Ich habe geschlagene zwanzig Minuten damit verbracht, seine Anweisungen am Telefon zu befolgen.

Darunter waren dann so Vorschläge wie zum Beispiel: „ machen sie mal den Schlüssel mit einem Feuerzeug heiß und stecken sie den immer wieder rein und raus"... wäre jetzt die Heizung ausgefallen und die Filiale wäre im tiefsten sibirischen Winter eingeschneit, dann hätte das durchaus eine Lösung sein können, aber der Frühling im Ruhrgebiet ist durchaus als mild einzustufen.

„Schauen sie doch mal, ob da nicht vielleicht einer was rein gesteckt hat, was das blockiert."...

mal abgesehen, dass der Schlüssel dann gar nicht erst rein gehen würde… hätte ich sagen sollen: „Moment ich schau mal kurz…Mensch, wer hat denn da sein Fahrrad reingestellt?!?!"

Als er dann meinte, dass ich mir doch mal Werkzeug besorgen solle…habe ich dies verweigert und gesagt, dass ich das nicht machen werde, da ich mein Glück kenne und dann, wie damals bei meinem Motorroller, wieder fünf Schrauben überhabe.

Außerdem habe ich noch anderes zu tun als den Hausmeister zu spielen. Die Bestellungen müssten schon längst raus sein, eine angefangene Palette wartete noch darauf, verräumt zu werden und ich bastelte hier an der Tür rum…

Er schlug vor, dass er sich morgen darum kümmern würde, obwohl es kurz vor Feierabend war und diese Tür noch abgeschlossen werden musste.

Ich hoffte insgeheim, dass die Tür sich nach Geschäftschluss oder am nächsten Morgen nicht mehr öffnen ließe, aber der Kerl hatte mal wieder mehr Glück als Verstand.

Am nächsten Morgen kam er dann mächtig angenervt in die Filiale, um sich das Malheur selber anzuschauen. Ich kam mir vor wie ein Fünfjähriger, dem man nichts, aber auch rein gar nichts glaubte.

In den zwanzig Minuten, die wir am Vorabend telefoniert hatten, hätte er merken müssen, dass ich keine zwei linken Hände habe und ein wenig technisches Verständnis vorweisen kann. Wohl fehlte ihm dafür der Hauch von Menschenkenntnis, um zu kapieren, dass er in seinem Nadelstreifenanzug da auch nichts an dem defekten Schloss ändern konnte.

Als er den Schlossereifachbetrieb angerufen hatte, war er auch schnell wieder weg.

Der Fachmann, der dann nachmittags kam, wollte dann, nach kurzer Begutachtung, von mir wissen ob ein neuer Schließzylinder angefertigt, beziehungsweise bestellt oder der alte einfach ein wenig nachgefeilt und ein wenig eingefettet werden sollte. Wobei er nicht garantieren konnte, dass das „Reparieren" eine dauerhafte Lösung sei, dasselbe Problem könnte dann durchaus in ein paar Tagen wieder auftauchen.

Da ich nicht befugt war, diese Entscheidung zu treffen, rief ich den Bezirksleiter an und reichte ihn dann weiter an den Mann vom Fach, welcher, als er bereits seinen Namen hörte, die Augen verdrehte.

Mein Vorgesetzter meinte dann noch, mit dem zu diskutieren, und fragte ob man nicht den Zylinder mit dem aus der Notausgangstür tauschen könne. Gesagt getan. Doch leider passte dieser nicht.

Also haben die beiden wieder telefoniert und sich darauf geeinigt, dass der alte Zylinder repariert wird, da ein neuer ja achtzig Euro kosten würde und die Reparatur des alten cirka die hälfte, auch wenn der dann nicht 100%ig in Ordnung ist.

Jeder normal denkende Mensch hätte direkt, ohne Diskutieren und Selberfummeln, den Fachmann angerufen und gesagt: „ Filiale xyz… Zylinder in der Tür kaputt… wieder ganz machen… wenn neu gemacht werden muss, dann macht."

Aber nein, der „Sparfuchs" telefonierte lieber zwei bis drei Stunden über sein Mobilfunktelefon, verfuhr Sprit, hielt mich von der Arbeit ab und trieb die Stunden der Handwerker in die Höhe, weil man ja vielleicht zwanzig Euro einsparen konnte. Eingespart wurde bei dieser Aktion definitiv Null und man hatte noch nicht einmal die Gewissheit, dass das Teil hielt und riskierte, dass der Notdienst irgendwann ausrücken musste, weil man die Filiale nicht mehr auf- oder abschließen konnte.

Der beste Spruch von einem Bezirksleiter, den ich mitbekam, war an eine Kassiererin gerichtet, die wohl eine Anweisung nicht einhundertprozentig erfüllt hatte, sondern eine eigentlich gute Idee mit eingebracht hatte.

Er wies sie auf den Fehler hin und sie antwortete: „Aber ich habe mir gedacht..." da fiel er ihr ins Wort und schnauzte sie an:

„ Sie sollen hier nicht denken, sie sollen die Anweisungen befolgen und nicht mehr!!! Sie werden hier nicht für´s Denken bezahlt."

Die Kassiererin war sprachlos und ging, ohne etwas zu sagen.

Später am Tag kam dann die Info aus der Zentrale, dass die besagte Anweisung geändert wird, und zwar wurde die Idee der Kollegin umgesetzt.

Natürlich hat die Kollegin nichts mehr zu diesem Vorfall gesagt...hätte ich auch nicht.

7. Der Filialleiter

hat nach außen hin und einen verdammt guten Job.

Gutes Gehalt, 40 Stunden Woche, große Verantwortung für Personal, Sortiment, Bestellungen, Büroarbeiten. Er sitzt fast den ganzen Tag im Büro, macht Bestellungen, macht ein paar Telefonate, und gibt Anweisungen…

Und kaum ein Filialleiter würde zugeben, dass es anders ist, da er sich ja sonst vor seinen Freunden und Bekannten bloß stellen würde.

So stellt sich auch fast jeder Kunde diesen Job vor.

Es gibt verschiedene Arten von Filialleitern, Verkaufsstellenverwaltern, Filialverantwortlichen, oder wie auch immer man diesen Beruf bezeichnet. Im Endeffekt ist das alles das Gleiche.

Einige Exemplare dieser Gattung durfte ich in meiner Zeit bei dem Discounter kennen lernen.

1.Das Arbeitstier

Sie habe ich als erstes kennen gelernt, seit 20 Jahren bei der Firma, hat ihr eingespieltes Team, welches voll und ganz hinter ihr steht. Sie führt ab und zu Selbstgespräche, wenn sie vor dem Kühlregal steht, aber das mache ich auch, dann habe ich wenigstens jemanden der mir zuhört.

Den ersten Satz, den ich von ihr hörte, war, dass wir um sieben Uhr morgens anfangen, aber schon um sechs da sind, damit wir das alles schaffen...

Mein erster Gedanke war natürlich: Hey geil, fängst du um sechs an, achteinhalb Stunden arbeiten plus Pause, biste um vier oder halb fünf zuhause. Da kann man noch was erledigen.

Aber dann kam der zweite Satz von ihr: „Wir arbeiten grundsätzlich von sieben bis sieben beziehungsweise von acht bis acht, natürlich mit zwei Stunden Pause. Alles klar? Also bis morgen früh um sechs."

Ich war zuerst etwas verwirrt, aber ich habe mir gedacht: „Na ja, du willst ja den Job haben, dann kommst du mal um sechs und zeigst Einsatz."

Natürlich hat sich dann nachher gezeigt, dass man als Filialleiter auch mal von sechs bis zwanzig arbeiten muss.

Der Tagesablauf eines Filialleiters ist so voll gepackt, mit teilweise auch sinnlosen Aufgaben, die einen nur von anderen wichtigeren Aufgaben abhalten, so dass man gar keine andere Wahl hat als früher anzufangen, wenn man seinen Pflichten nachkommen will.

Zum Beispiel gibt es in jedem Warenwirtschaftssystem die Funktion, dass man die Bestände einzelner Artikel, durch einen Mausklick, abrufen kann. Aber nein, es müssen teilweise Artikel von Hand gezählt werden.

Eine richtige Pause macht das „Arbeitstier" auch nicht, ist immer in Hektik, immer im Hinterkopf: ich muss ja noch dies und das und hier und da.

Da versteht sich von selbst, dass das restliche Team, wahrscheinlich aus Solidarität oder Mitleid, auch auf Teile seiner Pause verzichtet, nur schnell ein belegtes Brötchen in den Rachen schiebt und an der Limo nippt, um möglichst schnell wieder bei der Arbeit zu sein.

Es hat auch mal ein Bezirksleiter zu einem Filialleiter gesagt: „ Wenn Sie sich tagsüber Zeit zum Essen nehmen, dann ist das kein Wunder, dass sie ihre Arbeit nicht schaffen!"

Mal abgesehen davon, dass diese Frau ein gutes Gehalt bekommt, hat sie nicht wirklich viel Zeit, ihr schwer verdientes Geld auszugeben. So fünfzig Stunden pro Woche verbringt sie in der Filiale. Dazu kommt noch die Personaleinsatz- und Umsatzplanung, die sie an ihrem freien Tag macht.

Sie lässt einen seine Arbeit machen, und zeigt Vertrauen gegenüber ihren Mitarbeitern.

Ab und zu rügt sie den einen oder anderen wegen einer Lappalie, aber das hält sich in Grenzen, vielleicht ist das ihre Art zu motivieren.

Was das Einarbeiten neuer Filialleiter angeht, setzt sie vielleicht zu viel voraus. Man benutzt nicht in jedem Unternehmen dieselben Abkürzungen, es weiß nicht jeder, wann welches Gemüse aussortiert wird und nicht jeder kennt das Computerprogramm nach einmaligem Draufschauen und zwei mal selber klicken.

Es gibt wirklich Leute, die bei einem Discounter bei Null anfangen müssen, dazu habe auch ich gehört.

Der schwerwiegendste Fehler bei meiner Einarbeitung war wohl die Wahl des Zeitpunktes.

Der Dezember ist der umsatzstärkste und arbeitsintensivste Monat des Jahres, da sind die 200 Stunden schneller verbraucht als einem lieb ist und man hat nicht wirklich viel gelernt.

Was ich ihr und ihrem Team hoch anrechne, ist die Tatsache, dass ich bereits nach einer Woche als Praktikant zum Weihnachtskegeln eingeladen und somit in das Team aufgenommen wurde

2.Der Kittelzieher

genau gesehen ist er kein Filialleiter, möchte aber mal einer werden, also genau wie ich, auch ein „ Einarbeiter " … der wird mal ein ganz Toller.
Der hat einen Monat vor mir in einer anderen Filiale angefangen und war wohl vorher Schuhverkäufer oder Bürohengst.
Der tut immer total interessiert, redet überall mit, auch wenn es ihn überhaupt nix angeht.
Immer getreu dem Motto: „ Hey Chef, schau mal was ich Tolles gemacht hab, was ich schon alles kann.
Das hab ich alles in meiner Freizeit gemacht.
Natürlich haben Sie als Chef gar keine Freizeit, weil Sie ja so toll sind und Ihre Arbeit immer perfekt machen, …"
Wenn die reden, merkt man, dass der den richtig anhimmelt. Eigentlich müsste man die Putzmaschine rausholen, um den ganzen Schleim wegzubekommen. Man weiß nicht, wo der eine Hintern

anfängt und wo der andere aufhört. So ein abartiges Kittelziehen habe ich noch nie erlebt.

Wenn man den dann beobachtet, wie der wirklich arbeitet, fällt man vom Glauben ab.

Der fasst einen Artikel dreimal an, packt den von links nach rechts, um ihn dann so hinzustellen, wie ich es ihm vorgeschlagen habe.

Der will alles tausendprozentig machen und das möglichst schnell, vergisst aber dabei das logische Denken und braucht dadurch umso länger.

Um schneller zu arbeiten, hat er sich von einem anderen Discounter was abgeguckt.

Wenn die Mitarbeiter dort die Ware verräumen, brauchen die immer ein Kartonmesser und damit man immer weiß, wo das Messer ist, steckt man sich das einfach in den Mund.

Der Kerl hat die ganze Schicht durch entweder ein Kartonmesser, einen Kugelschreiber oder einen Schlüssel im Mund gehabt, trotzdem hat er andauernd in seinen Taschen rumgewühlt. Wenn der dadurch wenigstens schneller gearbeitet hätte, wäre das ja schön gewesen, aber wenn man andauernd das Messer trocken reiben muss oder den Stift wechseln muss, dann bringt das alles nix.

Trotzdem geht der voll und ganz auf in seinem Job, und wollte mir, einem Handelsfachwirt, erklären, wie der Einzelhandel funktioniert.

Einen Monat, nachdem wir sozusagen die Filialen getauscht hatten, kam die Anweisung, dass ich wieder zurück sollte, da die mit dem nicht zurechtkamen und die mich alle zurückhaben wollten.

Das ging runter wie Öl, der Typ hatte anscheinend total versagt, und ich war froh, dass ich so begehrt war.

Im Nachhinein habe ich dann erfahren, dass der sich überhaupt nicht an das Team angepasst, die ganze Zeit nur rumgezickt und auch keine wirkliche kollegiale Arbeitsweise an den Tag gelegt hatte.

3.Der hypochondrisch veranlagte Pantoffelheld

Der absolute Hammer, so einen habe ich noch nie erlebt, er ist seit 25 Jahren in dem Unternehmen, hat während seiner Lehre im Unternehmen seine zukünftige Frau kennen gelernt. Diese arbeitet natürlich auch in demselben Unternehmen, bringt ihn aber morgens zur Arbeit, nachdem sie ihm seine 4 Brote geschmiert und zusammen mit seinem Joghurt und seiner Banane in ein Kühltäschchen gepackt hatte.

Ich wurde in seinen Markt versetzt um ihn zu unterstützen bzw. zu ersetzen, da er wohl Herzprobleme hatte und zurzeit arbeitsunfähig geschrieben war.

Als ich morgens in der Filiale ankam, war die erste Frage, die seine Vertretung mir stellte, ob ich rauchen würde. Das kam mir zuerst sehr merkwürdig vor, aber später sollte ich erfahren warum.

Das gesamte Personal in dieser Filiale hat nicht ein gutes Wort über den Filialleiter verloren.

Die „Chefpalette" wie er sie wohl selber getauft hat, besteht aus Toilettenpapier und Küchenrollen. Er muss sich schonen, damit sein Herz nicht so belastet wird...die komplette Krankheitsgeschichte des Filialleiters wird vom Personal in Frage gestellt und mit einem Unterton der übelsten Sorte ins Lächerliche gezogen. Es fielen Sprüche wie: „ ach der arme Mann...", „wie können wir bloß so etwas von dem verlangen, da er doch sooooo krank ist...". und alles hinter seinem Rücken und während der Arbeitsunfähigkeit.

Es wurde nicht nur über seine Fähigkeiten als Filialleiter gelästert, sondern auch über sein Privatleben, was mich doch sehr stutzig machte.

An jeder Bestellung, die der Filialleiter gemacht hatte, hatte das Personal was auszusetzen, teilweise musste ich dem zustimmen, aber ich habe es ohne Kommentar hingenommen.

Da das Personal im Pausenraum rauchte, nahm er seine Mahlzeiten im Büro ein, da er den „Gestank" aus gesundheitlichen Gründen nicht vertrug.

Dagegen ist ja nichts einzuwenden, obwohl die Sozialräume dauerhaft gelüftet werden.

Ich als ehemaliger Raucher habe da vollstes Verständnis für.

Aber wenn die Frau des Filialleiters dann behauptet, dass die Lohnabrechnung ihres Mannes nach Nikotin stinkt, obwohl der Umschlag im Büro neben dem Pausenraum liegt, wo nicht geraucht wird, dann finde ich das doch sehr übertrieben…

Genau wie die Ankündigung des Filialleiters, dass er aus dieser Geschäftsstelle eine Nichtraucher-Filiale machen wolle…

Als ich mit ihm zusammen das non-food-regal umbauen und bestücken sollte, musste ich, der erst einen Monat im Unternehmen war, ihm erklären, wie die Vorgaben der Zentrale zu verstehen sind. Tja, so was passiert, wenn seine „Miss Non-Food" im Urlaub ist.

Wenn er mal nicht im Büro ist, seine Bestellung macht, oder irgendwas in den Computer eingibt, schleicht er gerne durch die Gänge und beobachtet die Mitarbeiter beim Arbeiten oder die Kunden beim Shoppen.

Wenn ein Mitarbeiter ihn dann dabei sieht, geht er auf denjenigen zu und erklärt oder fragt dann irgendwas, um von sich abzulenken.

Als ich ihn darauf ansprach, meinte er nur, dass er die Kunden im Auge halten möchte, da hier sehr viel geklaut werde. Von der Kontrolle des Personals hat er aber nichts erwähnt.

Wenn er frei hatte oder mal wieder zu einem Arzttermin musste, waren alle froh.

Das Arbeiten ohne den Kerl ist einfach entspannter, man kommt sich nicht so kontrolliert und beobachtet vor und es kommen nicht so viele Erzählungen und Geschichten von früher, die eh keinen interessieren und nur von der Arbeit abhalten.

Wenn der auch nicht immer sein Krankheitsbild und sein Privatleben preisgeben und breittreten würde, wäre sein Personal nicht so angenervt von ihm.

Da ihm so einiges in seiner Filiale nicht passte, hatte er eine Mitarbeiterversammlung einberufen.

Weil die Öffnungszeiten es nicht anders zuließen, musste er einen Termin um sechs Uhr morgens wählen. Man hätte sich auch samstags abends oder sonntags in einem Lokal oder einer Gaststätte treffen und über alles einmal reden können, aber da wird ja geraucht und es ist ja dort so laut…

So hätte zumindest jeder die Chance, mal etwas zu sagen, und zu diskutieren, so kommen auch mal Punkte an die Tagesordnung wie z.B. Personaleinsatzplanung, Überstundenabbau, schlechte Kommunikation unter den Angestellten, Verhalten gegenüber Kunden und Kollegen, fehlende Motivation, Betriebsblindheit und so weiter…dachte ich.

Mittwochmorgens sechs Uhr, alle bis auf die Auszubildende, die zu dem Zeitpunkt Urlaub hatte, waren anwesend. Natürlich wurden zuerst gemeinsam die morgendlichen Lieferungen mit Obst/Gemüse und Brot verräumt, und die Lieferung vom Trockensortiment wurde auch mal eben entgegengenommen. So gegen viertel nach Sieben waren wir alle im Verkaufsraum versammelt und mit einer Tasse frischen Kaffee bewaffnet.

Als erstes wurde den Mitarbeitern vom Filialleiter erklärt, wie ein Kartonmesser benutzt wird und wie ein Kartonschnitt auszusehen hat, danach wurde gezeigt, wie man am besten die Regale auffüllt, wie die Artikel richtig platziert werden, so dass die Regale immer voll aussehen, wie man richtig nach Haltbarkeitsdatum sortiert… Nicht dass die Mitarbeiter das nicht wüssten… Währenddessen wurde diskutiert, welchen Artikel man aus dem Sortiment nehmen sollte oder anders platzieren könnte, alles so Sachen, die man eigentlich nach 25 Jahren Berufserfahrung hätte alleine entscheiden können.

Zehn Minuten vor Ladenöffnung hatten dann die Kassiererinnen die Möglichkeit ihre Anliegen vorzubringen und ich dachte, jetzt geht's los, aber nichts dergleichen.

Alle hatten vorher in der Abwesenheit des Filialleiters lautstark getönt, dass die dem mal so richtig den Marsch blasen und so richtig die Meinung sagen wollten, aber keine der Grazien hat ein böses Wort gesagt, geschweige denn irgendetwas Kritisches von sich gegeben.

Es kamen dann so Sätze wie: „Wir sollten mal über die Überstunden und deren Abbau reden" oder „ Der Herr xyz sollte vielleicht anders mit dem Praktikanten reden".

Ich wollte gerade fragen, was das doch für ein verlogener Misthaufen sei, da bedankte sich der Filialleiter mit den Worten: „Danke, dass sie alle da waren, ich habe zwar nicht alles besprochen, was ich mir vorgenommen habe, aber ich hoffe, das klappt jetzt besser"…

Danach mussten wir auch schon die Pforten der Konsumstätte öffnen und da das Personal schon mal da war, haben dann alle, frisch motiviert, mitgeholfen, die Warenlieferung zu verräumen.

Am nächsten Tag haben dann alle, wie erwartet, über den Filialleiter und seine Personalversammlung hergezogen. Das ganze hat nur Personalstunden verbraucht und nicht den erwarteten Erfolg gebracht. Eher im Gegenteil, der Filialleiter hat sich damit wohl noch unbeliebter bzw. noch lächerlicher gemacht.

4.Der, dem alles egal ist

Ein gelsenkirchener Edelassi der alten Schule, eigentlich als Teilzeitkraft eingestellt, lässt aber in der Abwesenheit des Filialleiters gerne mal den „Chef" raushängen.

Wahrscheinlich wurde ihm auch deshalb der Stellvertreterstatus abgenommen.

Na ja, es gibt Kriechtiere, die sich schneller bewegen, nicht dass er nicht arbeiten möchte, aber mit knapp Fünfzig ist die Luft halt raus und er muss ja auf seinen Blutzucker achten.

Einerseits löblich, dass er auf seine Gesundheit und somit auch auf seine Arbeitskraft achtet, auch glaube ich, dass man als Zuckerkranker seine Tabletten nehmen muss und viel trinken soll, aber es kann nicht sein, dass man 15 mal in einer Halbtagsschicht zuzüglich Pausen ins Büro geht, um zu trinken und man hat am Ende der Schicht die Flasche noch halb voll... wenn ich viel trinken soll, dann setz ich die Flasche zwei mal an und leer ist die.

Auch der Harndrang dieser Person ist rekordverdächtig. Wenn er wirklich jedes Mal, wenn der auf dem stillen Örtchen war, uriniert hat, dann hat der mindesten 5 Blasen, oder er sollte mal ein Kamel werden und die Flüssigkeit irgendwo speichern.

Im Umgang mit den anderen Mitarbeitern ist er eher der Typ, den man machen lässt, was er für richtig hält, da er eh keine Kritik oder Tipps zulässt und ansonsten direkt eingeschnappt ist und zum Filialleiter rennt, um sich auszuheulen. Was er macht, ist richtig, und wenn er dann eine Ermahnung von „Oben" bekommt, weil er doch was falsch gemacht hat, dreht er sich um und geht. Er hat keine eigene Meinung, das, was der Filialleiter sagt, ist richtig, und da die sich auch seit Ewigkeiten kennen, hat er da eh einen Fürsprecher, obwohl der Filialleiter mal zu mir meinte, dass der „Kollege" eh ein Fall für sich sei.

Eine Situation hatte mich damals fast zur Weißglut gebracht. Schade, dass ich an dem Tag frei hatte, sonst hätte ich den direkt zusammengefaltet:

Er hatte die Anweisung bekommen, zusammen mit dem Jahrespraktikanten die Gefriertruhen so umzuräumen, damit die 10 neuen Produkte, die nächste Woche kommen sollten, Platz finden. Eigentlich eine ziemlich einfache Aufgabe.

Der Jahrespraktikant, ein lernbehinderter junger Mann, hatte ihn wohl falsch verstanden und anstatt ihm das noch mal richtig und in Ruhe zu erklären, schreit der „Kollege" den Praktikanten an und es fielen Sätze wie: „bist du eigentlich nur dumm?" oder „wie Panne bist du eigentlich?" „ so blöd kann man doch nicht sein!".... und das alles erzählte mir eine Kundin, die das ganze Palaver mitbekommen hatte.

Der ganze Verkaufsraum hat das wohl gehört, einschließlich aller Kunden und Mitarbeiter.

Mal abgesehen davon, dass der Junge lernbehindert ist, hat es niemand verdient so gedemütigt zu werden, vor allem regelt man interne Angelegenheiten nicht im Verkaufsraum, sondern in Ruhe im Büro.

Auch wenn ich in meiner Ausbildung nicht viel gelernt habe, einen Satz werde ich nie vergessen:

„Es gibt keine dummen Fragen, es gibt nur dumme Antworten."

Als ich mit dem Filialleiter darüber geredet hatte, meinte er, dass so etwas nicht gehe und er mal ein ernstes Wort mit dem reden werde, was wohl bis heute nicht passiert ist...

Das andere Personal, sprich die Kassiererinnen, haben den Kollegen auch nie wirklich darauf angesprochen, da es ihn ja eh nicht interessiert, was die anderen denken oder meinen.

Auch mit dem Arbeitsplan, der vom Filialleiter festgelegt wird, gab es eigentlich nur Ärger.

Die Kassiererinnen haben sich bei mir über den „Kollegen" „ausgeheult" und nur gemeint: „Das kann nicht sein, ich mache nur Überstunden und das Arschloch hat schon wieder Samstag frei. Wenn das so weitergeht, lass ich die Verkaufsleitung hier antanzen. Die suchen sich die ruhigen Schichten aus, und wir dürfen alles alleine machen. Nicht mit mir !!!....."

Das Ende vom Lied, als der Filialleiter dann mal da war, wurde der wieder in den Himmel gelobt und kein Wort über den Einsatzplan verloren... eigentlich ein gutes Beispiel für Schizophrenie.

5.Der Selbstmotivierer

Der Typ ist der Knaller schlecht hin.
Der muss nichts essen oder trinken. Der ernährt sich vom Stress, den er sich selber macht.
Morgens ein Schluck Kaffee und los geht's.
Immer mit dem Hintergedanken den Umsatz zu steigern und Personal einzusparen.
Aus betriebswirtschaftlicher Sicht ist er der perfekte Filialleiter. Deshalb wurde er wahrscheinlich auch als Urlaubsvertretung für den Pantoffelheld eingesetzt, um die Filiale auf Vordermann zu bringen.
Er hat Fachwissen und kann Leuten was beibringen und erklären. Auch im Motivieren ist er recht gut.
Er erzählte mir, wie schön es sei, zu sehen, wie eine Filiale wachse, der Umsatz steige, die Geschäftsleitung zufrieden und sein Personal glücklich sei.
Natürlich muss man viel dafür tun, aber wo muss man das nicht…
Aber manchmal denke ich der hat nen Knall.
Ich bin in eine Situation gekommen, die ich niemandem wünsche: Eine Kundin hatte mir gesagt, dass zwei junge Männer wohl, eine Flasche Rum eingesteckt hätten.

Daraufhin habe ich die zwei beobachtet und mich zwischen Kasse und Ausgang gestellt.

Als die dann ihre Tüte Chips bezahlt hatten, habe ich die gebeten, mit mir an die Seite zu kommen.

Diese wurden direkt laut und beschimpften mich.

Ich sah mich schon mit blutender Nase und gebrochenen Rippen im Krankenwagen, habe dann aber mit der Polizei gedroht, worauf die dann doch vernünftig wurden, und ihre Taschen öffneten, leider ohne Erfolg für mich. Das Problem an sich war nicht die Situation, sondern die Tatsache, dass die einzige Kassiererin, die Dienst hatte, an der Kasse saß und ich somit alleine mit den zwei Gestalten da stand.

Ich bin nicht der Schmächtigste, aber wenn zwei so Typen auf einmal vor einer Filialleiterin stehen würden… das stelle ich mir dann lieber nicht vor.

Ich fragte also den Kollegen, wie ich mich in so einer Situation verhalten solle.

Er antwortete nur: „Herr Kollege, sie dürfen alles haben, nur keine Angst!!!"

Ich war so perplex, ich habe ihn dann gefragt, wie er das wohl meinte.

„Ach wenn sie wüssten, mit wie vielen ich schon durch das Drehkreuz geflogen bin… letztens versuchte auch einer mich zu verarschen, der versuchte mir zu erklären, dass die Flasche Schnaps nicht von uns sei. Als der dann nicht mit ins Büro kommen wollte, hab ich dem direkt eine kurze Rechte direkt ins Gesicht gegeben, der war so durcheinander, der ist ohne was zu sagen mit nach hinten. Nachher meinte der nur noch, dass er ja nie damit gerechnet hätte, dass ich sofort zuschlage."

Ich wusste nicht was ich sagen sollte, ich war wohl genau so sprachlos wie der Typ, der eine verpasst bekommen hatte.

Weiter sagte er: „…und wenn zwei oder mehrere solcher Subjekte versuchen, in ihrem Markt was zu klauen, gehen sie zu dem nächstbesten Kunden und sagen: „Sie helfen mir jetzt", nicht „bitte" oder „könnten sie vielleicht …nein, bestimmend sagen, dass der oder die helfen müssen. Da sagt nie einer „nein"."

Ich habe nur noch mit dem Kopf geschüttelt und gesagt, dass mir kein Arbeitgeber der Welt genug zahlen könnte, um meine oder die Gesundheit meiner Kunden aufs Spiel zu setzen, und dass die lieber den ganzen Laden leer räumen könnten, bevor ich so etwas riskiere…

„Da denken sie falsch... Das ist genau so, als ob jemand bei ihnen zu Hause reinkommt, und versucht, ihnen ihre Sachen versucht wegzunehmen."

Mit der Aussage war dann das Gespräch für mich zu Ende, da mir dazu nichts mehr einfiel.

Es ist zwar löblich, dass man vieles zum Erfolg eines Unternehmens beiträgt, aber irgendwo sind auch Grenzen.

6.Die Hochnäsige

Eigentlich auch nur eine ganz normale Kassiererin, aber da in dieser Filiale wohl ein sehr hoher Verschleiß an Filialleitern herrscht, hat sie nun das Zepter in der Hand, bis der nächste kommt. Ich sollte dort nur 2 Tage aushelfen, da wohl eine Kassiererin krank war.

Ein relativ kleiner und übersichtlicher Markt, im Herzen eines „reichen" Stadtteils einer westfälischen Grosstadt.

Der erste Satz dort war: „Ach sie kommen von der Frau …. dann muss ich mir ja keine Sorgen machen… aber wir sind hier in ….. hier läuft alles ganz anders, vor allem mit den Kunden muss man vorsichtig sein, die denken, sie sind was besseres, die sind sehr empfindlich."

„Na ja", dachte ich mir, „die ist aber nett, und das mit den Kunden ist doch selbstverständlich."

Als ich dann in die Personalräume und ins Lager kam, wurde mir anders.

Dem Verkaufsraum, der relativ ordentlich und sauber war, sah man an, dass er älter war, aber die Sozialräume und vor allem die Toiletten waren unter aller Sau. Unordentlich, verdreckt, muffig, als hätte da seit Jahren keiner sauber gemacht.

Auf meine Frage nach der Reinigungskraft kam nur:

„Also, wir machen das alles selber, nur hier hinten können wir das nicht, weil wir ja immer nur zu zweit sind, bleibt halt einiges auf der Strecke."

„Na prima", dachte ich mir, "…gut dass ich nur zwei Tage hier bin!!!"

Also setzte ich mich an die Kasse und kassierte wie ein Weltmeister, nicht dass ich langsam bin, aber an einem Freitag Nachmittag, wo der andere Discounter gegenüber wegen Umbau geschlossen hatte, kamen schon mal ein paar Kunden mehr.

Als ich dann für die zweite Kasse klingelte, kam sie an und schaute mich genervt an, als ob sie sagen wollte: „Jetzt gib mal Gas! Ich will wieder nach hinten meine Bestellung machen oder telefonieren oder sonst was…" Als sie dann ein Paar Kunden abkassiert hatte, ging sie wieder Richtung Büro, aber unterwegs hielt sie dann noch nen Smalltalk. Das ist ja nicht das Problem, aber die

Art... „Tagchen Frau Müller, wie geht es Ihnen denn??? Waren Sie mit dem Obst zufrieden, welches Sie letztes Mal mitgenommen haben?... Oh wie schön, Ihrem Mann hat es auch geschmeckt?"
Als die dann mit drei anderen älteren Herrschaften so geredet hatte, wollte ich zuerst fragen, ob die nix zu tun habe!!
Hallo??? die arbeitet als Kassiererin bei einem Discounter, in dem Ton spricht man bei Feinkost Käfer noch nicht mal. In anderen Filialen hat man so viel zu tun, da hat man gar keine Zeit zum Reden, da kommen nur Halbsätze: „hinten beim Zucker", „zweiter Gang neben den Spirituosen" oder „ist nicht lieferbar, kommt morgen"
In der Zeit, die die verquatscht hatte, hätte die locker die Toiletten putzen können!

7.Der schüchterne Jüngling

Ich war schockiert, als ich mit einem befreundeten Pärchen die letzten Utensilien für den bevorstehenden Grillabend besorgen wollte.
Beim Discounter legten wir die Waren auf das Band, ohne zu schauen, wer da an der Kasse saß.
Auf seinem Hemd stand, direkt neben der schlecht gebundenen Krawatte: „Filialleiter".

Wäre das Firmenlogo nicht auf dem Hemd zu erkennen gewesen, hätte man denken können, dass der direkt von seiner Kommunion gekommen sei.

Sowohl sein Gesichtsausdruck als auch sein unsicheres Auftreten gegenüber den Kunden zeigten, dass er noch nicht wirklich lange dabei sein konnte.

Als es dann ans Bezahlen ging, wollte ich das genauer wissen und ihn ein wenig auf die Probe stellen.

Er nannte, oder besser gesagt, er flüsterte uns schüchtern den zu zahlenden Betrag von 17 Euro und 84 Cent. Im gleichen Augenblick öffnete er bereits die Kassenlade und ich witterte meine Chance.

Während meine Bekannte ihm einen Zwanziger reichte, wühlte ich bereits in meinem Kleingeldfach und sagte: „ Moment bitte! Ich habe das bestimmt kleiner!" Ich ließ ihn noch ein paar Augenblicke warten und schüttete ihm dann 3 Euro und 34 Cent in seine wartende Hand. Als ob ich es geahnt hätte, gab er uns, anstatt 5 Euro 50, 7 Euro und 66 Cent als Wechselgeld zurück. Ich wusste nicht, was der da ausgerechnet hatte, aber ich bekam auf einmal ein schlechtes Gewissen und sagte: „Haben sie sich da nicht vertan? Haben sie uns da nicht zwei Euro zuviel zurückgegeben?"

Er schaute noch mal kurz auf den Kassenbon und auf das Wechselgeld und meinte dann: „Nein, das stimmt schon."

Meine Begleitung und ich schauten uns gleichzeitig mit Entsetzen an und steckten das Geld ohne weitere Worte ein.

Draußen im Auto schauten wir uns wieder an und ich fragte, ob ich das jetzt nur geträumt habe oder ob man hier in der Gegend immer so rechnete?

Als dann lautes Gelächter ausbrach, blieb ich hingegen ernst und schüttelte nur meinen Kopf.

Der junge Hüpfer wird doch nie von Kunden, geschweige denn, vom Personal in irgendeiner Form für voll genommen. Die werden dem alle auf der Nase rumtanzen und er wird früher oder später aus dem Unternehmen ausscheiden.

8. Der Azubi

Während meiner Zeit habe ich zwei Auszubildende kennen gelernt, beide Mädels knapp über
zwanzig, sehr nett und hilfsbereit.
Ich habe mich mit beiden ausführlich unterhalten.
Eine von beiden hatte keinen Studienplatz bekommen und hatte sich direkt in der Filiale beworben, die in ihrer Nähe war. Sie hatte vier Monate vor mir angefangen und war glücklich…nein,
nicht glücklich, dass sie einen Ausbildungsplatz
erhalten hatte.
Nein, ihr Job machte ihr sogar Spaß und sie kann
sich nicht vorstellen etwas anderes zu machen.
Sie wollte nach ihrer Ausbildungszeit als Stell-
vertreterin weitermachen und dann irgendwann
ihre eigene Filiale leiten und könnte sich sogar
vorstellen, das bis zur Rente, wenn sie denn eine
bekommt, zu machen.
Ich fragte sie, ob das ihr Ernst sei? Sie sei jung,
habe Abitur und ein sicheres Auftreten, wäre es
da nicht sinnvoller, nach der Ausbildung vielleicht ein nebenberufliches Studium in Angriff zu
nehmen?
Da könnte man doch sicherlich viel mehr erreichen?

Ja, ihr wurde auch schon von der Firma angeboten, dass ihr nach der Ausbildung ein BWL-Studium zu finanzieren. Dafür bräuchte man allerdings sehr gute Noten in der Berufsschule. Zwar hatte sie diese bis jetzt, aber sie weiß nicht ob sie das wirklich möchte, da die Arbeit in der Filiale ihr Spaß macht und sie ihre jetzige Filialleiterin, also ihre Chefin, um ihren Job und die damit verbundene Verantwortung bewundert. Sie würde sogar lieber als normale Verkäuferin in ihrer Filiale bleiben, da dort alles stimmt... das Team ist einzigartig und die Chefin steht hinter ihrem Personal.

Einerseits musste ich ihr Recht geben, das Personal in der Filiale war bzw. ist top. Trotzdem habe ich ihr gesagt, dass sie sich nach ihrer Ausbildung und wenn sie dann mal eine eigene Filiale haben sollte, fragen wird, ob das wirklich alles sei und ob das jetzt eine endgültige Lösung sei. Sie meinte ja.

Ich möchte nicht sagen, dass ich hellsehen kann, aber ich kann jetzt schon die möglichen Ereignisse in ihrer Zukunft vorhersagen, da ich auch mit Freunden gesprochen habe, die bei einem Discounter so ihre Erfahrungen gemacht haben... Sie wird nach ihrer Lehrzeit erst einmal für ein weiteres Jahr in der Filiale bleiben, um dort auf ihren Einsatz in ihrer eigenen Filiale vorbereitet zu werden. Wenn sie sich gut macht, wovon ich überzeugt bin, wird ihr Jahresvertrag noch einmal um ein Jahr verlängert, um zu testen, ob sie wirklich fähig ist, selbstständig eine Filiale zu leiten. Sollte sie die Anforderungen erfüllen und Erfolge in ihrer eigenen Filiale vorweisen können, wird ihr Vertrag auch unbefristet verlängert.

Nach fünf oder zehn Jahren werden dann, wie bei fast allen, die ersten Rückenprobleme in Form von Bandscheibenvorfällen auftreten und bis dahin ist ihre Psyche, durch den Druck von oben, so weit unten, dass sie nur noch für ihre Filiale da ist.

Sie wird jeden morgen um sechs Uhr anfangen und vor zwanzig Uhr nicht zu Hause sein. An ihren freien Tagen wird sie die Personaleinsatzpläne machen oder die erwarteten Umsätze für den nächsten Monat ausrechnen. Sie wird nur noch für die Firma leben.

Ihre Familie, wenn sie dann mal eine haben sollte, wird extrem darunter leiden.

Wenn sie dann das erste Mal während der Arbeitszeit zusammenbricht, weil sie einfach ausgebrannt und körperlich am Ende ist, was im Discountbereich durchaus an der Tagesordnung ist, wird sie an meine Worte zurückdenken und sich sagen…"hätte ich mal damals auf den Kollegen gehört".

Spätestens wenn die Gesundheit der Mitarbeiter dermaßen in Gefahr ist, kommen wieder die Bezirksleiter zum Einsatz, die dann noch sagen: „Wenn Sie mit ihrer Arbeit nicht klar kommen, müssen Sie etwas sagen. Wir helfen Ihnen dann."

…gemeint ist damit ein Aufhebungsvertrag, der den mittlerweile „teuren" bzw. kostenintensiven Mitarbeiter aus dem Unternehmen lotsen soll.

Den nimmt man natürlich nicht an. Man hat ja schließlich noch einige Zeit bis zur Rente. Danach wird der Druck in Form von Stunden kürzen oder anderen Sanktionen noch mal drastisch erhöht, bis man dann entweder freiwillig geht, oder der Arzt einen kaputt schreibt.

Die andere Auszubildende ist da anders, sie hat die Ruhe weg und macht einfach ihren Job, was wohl auch an der Einstellung ihres Chefs, des Filialleiters liegt. Sie hat nicht viel Kontakt zu den anderen Kolleginnen und Kollegen in der Filiale. Sie kommt pünktlich zum Dienst, geht zur Berufsschule und macht sich keinen Stress.

Schaut man sich den vorgeschriebenen Ausbildungsrahmenplan an, hatte sie außer Kassentätigkeit noch nichts gelernt und das in einem halben Jahr.

Der Filialleiter muss den erwarteten Umsatz für den nächsten Monat abschätzen, ausrechnen und vorlegen, woran dann ausgemacht wird, wie viel Arbeitsstunden die Filiale jeden Tag verbrauchen darf. In diese Rechnung fließen die Arbeitsstunden der Auszubildenden, im ersten halben Jahr, nur zur Hälfte ein. Somit steht dem Filialleiter indirekt mehr Personal zur Verfügung.

Darum kann der Chef sich natürlich auch mal länger im Büro aufhalten, ein wenig mehr Pause machen…denkt er…

Eigentlich war diese Regelung dafür gedacht, dass man die Azubis „fit" macht, sich um die kümmert und denen etwas beibringt, damit man nach einem halben Jahr nicht noch Anfängerfragen beantworten muss.

Die Azubis sollen so schnell wie möglich selbstständiges Arbeiten erlernen. Jedoch wenn man die ganze Zeit an der Kasse sitzt, Ware verräumt und mit der Putzmaschine durch die Gänge fährt, wird das nichts und die Auszubildenden sind nicht mehr als billige Arbeitskräfte.

Sollte diese Auszubildende sich nicht selber das gewünschte Wissen und Können aneignen, was eigentlich Aufgabe des Filialleiters, also des Ausbilders, ist, wird sie nicht lange Freude an ihrem Job haben, denn dieser wird bestimmt nicht zugeben, dass er während der Ausbildung Fehler gemacht hat.

Das wirkliche Lernziel, das eigentlich angestrebt wird, ist auf Grund von enormem Zeitmangel nicht zu erreichen.

Dazu muss ich sagen, dass ich der erste war, der sie, nach sechs Monaten Betriebszugehörigkeit, über das Jugendschutzgesetz aufgeklärt hat. Gerade noch rechtzeitig, weil sie einer Gruppe von vierzehnjährigen Zigaretten und Bier verkaufen wollte.

Andererseits muss ich sagen, dass die Discounter, bezogen auf die Schulnoten in der Berufsschule, die besten Azubis haben. Das mag daran liegen, dass die internen Schulungen fruchten; aber ich denke eher, dass der Erwartungsdruck die Lehrlinge antreibt oder einfach nur die Personalverantwortlichen sich die „Rosinen" rauspicken, die eigentlich schon zu gut für den Einzelhandel sind.

Ich durfte vor einiger Zeit einen Vorfall beobachten, der wohl nicht nur mir ewig in Erinnerung bleiben
wird.

Ich schlenderte, bei meinem wöchentlichen Einkauf beim Discounter so durch die Gänge, als der Filialleiter hektisch an mir in Richtung Lager vorbeihuschte. Neugierig wie ich bin, wollte ich natürlich wissen, was los war. Ich ließ meinen Einkaufswagen stehen und ging zum Lagereingang.

Einige Augenblicke später kam er mit einem jungen Kollegen, sehr wahrscheinlich dem Auszubildenden, wieder herausgestürmt und sagte: „Komm mit, dann zeige ich dir, wie man das richtig macht."

Ich wusste im ersten Moment nicht, was er meinte, aber als die dann auf einen Mann zugingen, dem man schon auf den ersten Blick seine kriminelle Energie ansah, wurde mir klar, dass es hier gleich rund gehen würde.

Ich folgte ihnen unauffällig in den ersten Gang, wo der Filialleiter den Mann dann ansprach. Ich konnte den Wortlaut des Filialleiters nicht genau verstehen, aber es fielen die Worte „Diebstahl" „Büro" und „mitkommen". Da packte der Kerl den Chef am Kragen, schubste ihn gegen das Regal mit den Süßigkeiten, so dass dieser direkt zu Boden ging. Den Auszubildenden zog er an den Schultern an sich ran, und rammte seinen Schädel mitten in das Gesicht des vielleicht Siebzehnjährigen. Der Junge sackte sofort zu Boden und der

Dieb rannte durch den Eingang raus. Natürlich hätte ich versuchen können, den Kerl aufzuhalten; aber für die fünfundzwanzig Euro Fangprämie riskieren ich bestimmt nicht meine Gesundheit.

Der Filialleiter half seinem Azubi wieder auf die Beine, welcher mich völlig verängstigt, kreidebleich und mit gläsernem Blick anschaute, so als wolle er sagen: „Da habe ich gerade ja viel gelernt…hätte ich damals in der Schule bloß besser aufgepasst."

Das Blut strömte ihm aus der Nase und er schaute mit mittlerweile fragendem Gesichtsausdruck in Richtung seines Ausbilders, welcher bereits den Hörer am Ohr hatte und die Polizei informierte.

Eine Kassiererin eilte herbei, versorgte den Jungen und brachte ihn nach hinten.

Der Dieb wurde wohl später von der Polizei gefasst, aber den Auszubildenden habe ich nie wieder dort gesehen.

Ich denke, dieses einschneidende Erlebnis hat der junge Mann nicht wirklich verarbeiten können und hat seinen Job wohl an den Nagel gehängt.

9. Der Kunde

Die Spezies Kunde ist sehr bunt und vielfältig. Ein Großteil der Kunden im Discounteinzelhandel ist unkompliziert und pflegeleicht. Sie nehmen sich einen Einkaufswagen, betreten die Filiale, gehen zielstrebig zu den gewünschten Produkten, nehmen sich das, was sie benötigen, schauen sich noch nach ein paar Schnäppchen um, gehen zur Kasse, bezahlen und kommen ein paar Tage später wieder, um dieses Ritual zu wiederholen. Diese Art findet sich manchmal besser zu Recht als die Verkäufer. Sie wissen, wo welches Produkt zu finden ist und wie viel das ungefähr das kostet.
Sie stellen keine Fragen und wenn ein Produkt nicht verfügbar ist, nehmen die das einfach mal so hin und sind trotzdem glücklich.

Aber es gibt auch Sonderfälle…
Einige stehen morgens um zehn Minuten vor Ladenöffnung, mit Einkaufswagen und Einkaufszettel bewaffnet, vor dem Eingang und schauen ungeduldig auf ihre Uhr. Um zwei Minuten vor Acht klopfen die an die Scheibe, werden ungeduldig und nervös wie ein Junkie, der auf seinen nächsten Schuss wartet. Manchmal möchte man sich als Filialleiter dann einfach auf die andere Seite der

Scheibe stellen, dem Typ die Zunge rausstrecken und sagen: „Pöh, dich lass ich jetzt nicht pünktlich rein. Ich gehe jetzt noch gemütlich einen Kaffee trinken und lass dich jetzt bis drei nach schmoren."

Natürlich macht man so was nicht und wenn, dann in einer netten Form, man geht nach hinten, trinkt seinen Kaffee, macht um drei nach die Türen auf und sagt: „Ach das tut mir aber schrecklich leid, dass sie so lange warten mussten, aber wir hatten ein Computerproblem." Dann kann man gut beobachten, wie denen die Wut das Rot ins Gesicht treibt, weil die genau wissen, dass man das extra gemacht hat, aber etwas zu sagen, traut sich dann keiner.

Das Schlimmste daran ist, dass das nicht irgendwelche Arbeitnehmer sind, die um halb neun im Büro sein müssen oder Mütter, die zum Kindergarten müssen. Nein, es sind entweder Rentner oder irgendwelche Kernassis, die ihren Alk brauchen.

Das gleiche kann man abends beobachten.

Ich hatte eine Kundin die das Rentenalter seit Ewigkeiten schon überschritten hatte.

Die kam jeden Abend in Ihrem grünen Mantel und Ihrer weißen Fellmütze um zehn vor acht und schlich ganz gemütlich durch die Gänge. Jeden Abend musste ich zu der hingehen und ihr sagen, dass sie doch bitte zur Kasse kommen solle, da wir jetzt schließen.

Jedes Mal kommt dann die Frage, ob das wirklich schon so spät sei. Und wenn man dann mal beobachtet, was die auf das Laufband legt, bekommt man einen Anfall: Waschmittel, Teelichter, Sauerbraten, alles Sachen, die man auch am nächsten Morgen noch hätte holen können. Natürlich sind die Öffnungzeiten nicht umsonst festgelegt, aber man muss es doch nicht übertreiben und das Personal zur Weißglut treiben.

Es gibt Kunden, die sind gerade den Eingang rein und stellen direkt die ersten Frage. Obwohl die sehen, dass man in seine Bestellung vertieft ist oder mit einem riesigen Karton in den Armen zu kämpfen hat, bombardieren die einen trotzdem mit ellenlangen Fragen.

Man steht vor dem Regal mit den Süßigkeiten, räumt was nach und von hinten kommen dann zum Beispiel so Sätze wie: „Entschuldigen sie bitte? Ich habe zwar den Orangensaft gefunden, aber der ist ja im Tetra Pack. Ich trinke eigentlich nur frisch gepressten, da die Vitamine da nicht verloren gehen und der einfach besser schmeckt.

Aber selber Orangen auspressen kann ich nicht, ich bekomme so schnell eine Sehnenscheidenentzündung. Ich habe jetzt gelesen, dass es auch frisch gepressten Orangensaft zu kaufen gibt. Ich hab schon bei ihrer Konkurrenz nachgefragt, aber die haben den nicht. Haben sie den in ihrem Sortiment??"

Warum sagen die nicht einfach: „frischer O-Saft???" … das reicht allemal!

Die Antwort ist eh immer dieselbe: „Im Kühlregal neben der Frischmilch".

Natürlich könnte man auch anders reagieren: „ Wissen sie…das mit der Sehnenscheidenentzündung ist natürlich ein gutes Argument für den bereits gepressten Saft aber dennoch ist der Orangensaft aus dem Tetra Pack nicht weniger gesund als der frische. Man muss dann halt abwägen, was man möchte. Der Saft aus dem Karton ist länger haltbar und um einiges günstiger, dafür ist der Saft aus der Kühlung frischer und schmeckt natürlich anders, da noch das Fruchtfleisch drin ist……" man kann stundenlang Vorträge halten und mit den Kunden diskutieren, aber das würde die noch mehr verwirren.

Manche sind ganz extrem und fragen einen mehrmals nach irgendwelchen unwichtigen Fakten, wie zum Beispiel, welcher Weinbrand sich besser zum Mischen eignet oder welche Margarine besser schmeckt? Dann können einem auch manchmal richtig freche Antworten rausrutschen, wie: „ Weinbrand zum mischen??? Keine Ahnung, ich trinke nur noch Sekt aus dem Bauchnabel....aber ich denke mal, wenn man das Zeug pantscht, ist das eh egal, nach zwei Gläsern, wenn der Ekel überwunden ist, merkt das eh keiner mehr und die Party wird so oder so ein Knaller.“....... „wenn man die Margarine pur isst, dann gibt es da schon unterschiede, dann sollte man schon Halbfett Margarine nehmen.“

Dann gibt es noch die, die eigentlich eine gelbe Binde mit drei Punkten auf dem Oberarm tragen sollten.
Die stehen seit zwei Minuten direkt vor dem Regal mit den Nudeln und fragen mich, wo denn die Spaghettis stehen? In Augenhöhe sind vier Sorten Spaghetti gut sichtbar. Ein Griff geradeaus würde reichen. Manchmal kommt man da in Versuchung und möchte sagen: „Die finden sie neben der Milch, drei Gänge weiter“ aber da man die Kunden ja nicht verärgern will, verkneift man sich solche Sprüche lieber.

Einige sind ganz schlimm, die haben im wöchentlichen Prospekt einen Artikel entdeckt, welcher ihr Interesse geweckt hat. Jetzt geht der Kunde zu dem einzigen Mitarbeiter im Verkaufsraum. Nehmen wir mal an, es handelt sich dabei um eine 45jährige Verkäuferin und fragt sie: „Entschuldigen sie bitte, die Schlagbohrmaschine aus ihrem Prospekt, wie viel Joule beträgt denn die Einzelschlagenergie und wie viel Watt Nennaufnahme hat die denn ???" Ok, dieses Beispiel ist vielleicht übertrieben, aber die Reaktion der Verkäuferin dürfte klar sein. Nach einem obligatorischen Schulterzucken kommt dann der Blick auf die spärliche Info der Verpackung.

Entweder ist die Verkäuferin auf Zack und redet sich raus oder gibt ihre Unwissenheit zu. Aber mal im ernst, warum fragen manche Kunden so was?

Wieso gehen die nicht in ein Fachgeschäft und lassen sich professionell beraten? Was erwarten die von einem Verkäufer, der im Lebensmitteleinzelhandel gelernt hat?

Denken die, dass das Personal für jeden Artikel geschult wurde? Selbst wenn es Infomaterial zu den Produkten gäbe, haben die Mitarbeiter Zeit, Lust oder Interesse diese zu lesen?

Nicht dass den Kunden die Eigenschaften der Schlagbohrmaschine wirklich interessieren würden, ferner möchte der nur mit jemandem reden und zeigen was er doch für ein Experte ist.

Die Reaktion und das fehlende Fachwissen des Personals scheinen den Kunden zu befriedigen und vermitteln dadurch das Gefühl, etwas Besseres zu sein.

Andere sind faule Schweine, anders kann ich es nicht bezeichnen. Sie nehmen sich keinen Einkaufswagen, schleppen dann zig Artikel auf den Armen durch die Gänge und kurz vor der Kasse oder auch dahinter fällt dann das Glas mit der Tomatensauce zu Boden.

Die meisten lassen das dann einfach liegen und gehen einfach weiter. Manche sagen dann Bescheid, dass da wohl „jemandem" was hingefallen sei, weil die Angst haben, dass die das noch bezahlen müssten und nur wenige geben ihr Missgeschick zu.

Wenn man dann mit Wischmopp und Eimer ankommt, entschuldigen sich diese Idioten vielmals, wollen dann die Sauerei auch noch selber wegmachen und den Artikel noch bezahlen, auch wenn die genau wissen, dass die das nicht brauchen.

Und dann noch die blöden Anmerkungen wie z.B.: „...normalerweise nehme ich immer einen Einkaufswagen...“ oder „...ich weiß gar nicht, wie das passieren konnte...“

Wenn so was dann mehrmals am Tag passiert, überlegt man manchmal, den Boden mit deren Visagen aufzuwischen. Das ist dann wie in einem schlechten Film. Man stellt sich richtig vor, wie der dann mit der rechten Gesichtshälfte in der scherbenverseuchten Tomatensauce hängt, das dunkle Blut sich mit der Sauce langsam vermischt und man immer weiter mit seinem Kopf auf die Fliesen hämmert, trotz seines schmerzgetränkten Winselns um Gnade.

Dann wird man wieder in die Realität zurückgeholt, weil man sich selber an einer Scherbe verletzt hat und man findet sich kniend vor dieser Sauerei wieder. Der Kunde im Hintergrund sagt dann noch: „Passen sie um Himmels Willen mit den Scherben auf, sonst schneiden sie sich noch...“ dann kann man

beweisen, dass man sehr strapazierfähige Nerven hat. Man atmet zweimal tief ein und aus, schaut zu dem Kunden und setzt dann ein hämisches Grinsen auf, schaut verdammt wütend, atmet nochmals ganz tief ein und sagt kein einziges Wort. Dann schauen die normalerweise kommentarlos weg und gehen schnell weiter, weil die sich im Klaren sind, dass, wenn man jetzt dem Mitarbeiter länger als drei Sekunden in die Augen schaut, man Opfer einer Gewalttat wird.

Andere, die einen Einkaufswagen genommen haben, packen einige Produkte rein und schlendern weiter durch den Markt. Auf einmal meldet sich wohl eine Stimme aus dem Unterbewusstsein, welche dem Kunden dann sagt: „Hey du, die Marmelade möchtest du doch gar nicht kaufen!!!". Da nimmt der Kunde das Glas aus dem Wagen und stellt es dann direkt neben die Nudeln, damit man nicht noch mal den ganzen Weg zurücklaufen muss. Der Aufwand für das Personal ist immens, da man am Ende des Tages mindestens vierzig Artikel hat, die verteilt im Laden in irgendwelchen Regalen liegen. Diese etwas andere Form der Schnitzeljagd ist zwar die beste Form um das Sortiment kennen zu lernen, aber nach einiger Zeit ist das doch richtig nervtötend. Wenn es sich bei der „Liegeware" nur um Marmelade oder Nudeln handeln würde, wäre das halb so wild, aber wenn man dann den Joghurt neben dem Weinbrand, das frische Putenschnitzel in der Tiefkühltruhe neben dem Fisch und die Tiefkühlpizza neben den Inlineskatern liegen sieht, bekommt man die Krise, da man diese Sachen dann entsorgen muss.

Ganz besonders liebe ich die Kunden, welche ihren Einkaufswagen randvoll machen und den dann einfach stehen lassen, weil sie kein Geld dabei haben.
Und wenn man sich dann denkt, dass man für das Wegräumen mit dem Euro aus dem Einkaufswagen entschädigt wird, liegt man auch falsch, da man dann meistens nur eine Unterlegscheibe oder einen Plastikchip in die Kaffeekasse werfen kann (was im übrigen auch nicht erlaubt ist, weil dieses als Fundgeld mit in die Kasse einfließen muss).
Man fragt sich dann ernsthaft, wo deren gute Erziehung geblieben ist... wenn sie denn eine genossen haben.

Nicht nur bei den Mitarbeitern gibt es Erbsenzähler und Erbsenbeschrifter. Es ist allseits bekannt, dass im Lebensmitteleinzelhandel die frische Ware hinter bzw. unter die alte Ware gestellt wird.
Selbst bei den Konserven, die noch mindestens vier Jahre haltbar sind, kann man beobachten, dass manche Kunden sich in die Regale reinlegen, um eine Dose Gemüse zu erwischen, die nicht nur fünfundvierzig sondern sechsundvierzig Monate

haltbar ist. Vor allem bei Milchprodukten merkt man, dass die Kunden nur das Frischeste haben wollen. Die durchwühlen ganze Regale oder nehmen immer die Joghurts von ganz hinten. Auch wenn die dasselbe Datum haben, das ist den Leuten egal, die nehmen niemals den Joghurt, der ganz vorne ist. Eigentlich müsste man beim Einräumen gar nicht auf das Datum achten. Einfach oben drauf packen!

Mit das Schlimmste beim Einräumen ist, wenn König Kunde mithilft. Samstags mittags möchte man die Palette mit Joghurt und Co. wegräumen, man dreht sich nur kurz um oder muss mal eben zur Kasse und wenn man dann eine Lage Schokoladenpudding nehmen will, bemerkt man, dass sich da schon einige bedient haben.
Der frische Pudding ist vierzehn Tage haltbar und der, der im Kühlregal steht, dreizehn.
Wer kauft sich heute einen Pudding mit der Absicht, dass man den erst in zwei Wochen essen möchte?
Und selbst wenn der Pudding einen Tag über das Mindesthaltbarkeitsdatum hinaus ist, ist das Zeug nicht direkt ungenießbar oder kann nicht mehr gegessen werden. Das Datum zeigt an, dass der Artikel „mindestens!!!" bis zu diesem Datum

haltbar ist und der Hersteller bis zu diesem Datum für die Qualität garantiert.

Im englischsprachigen Raum heißt es: „best before", diese Wortwahl ist wahrscheinlich besser gewählt, als unser Mindesthaltbarkeitsdatum.

An einem Samstagmittag hatte ich es eilig und wollte noch kurz vor einem Date, Getränke holen. Ich eilte wieder mal in meinen Supermarkt um die Ecke, schnappte mir zwei Sechserpacks Hopfenlimo und ging zielstrebig zur Kasse.

Natürlich sollte ich, wie halt immer, kein Glück haben.

In der kilometerlangen Schlange an der einzigen geöffneten Kasse hatte sich ein junger Schnösel vor mir eingereiht, der den ganzen Einkaufswagen voll hatte. Freundlich fragte ich ihn, ob er mich wohl vorlassen könnte, da ich es eilig habe. Er musterte mich von oben nach unten und meinte: „Ja, könnte ich, mache ich aber nicht." Ich dachte mir wieder mal meinen Teil und blieb ruhig.

Als er dann bezahlen sollte, wurde er unruhig und meinte zur Kassiererin: „Hoffentlich hab ich so viel dabei…" und kramte auch noch sein Kleingeld raus und fing an das zu zählen.

Normalerweise kennt man das nur von älteren Frauen, dass die ihre Münzsammlung auflösen und minutenlang an der Kasse ihr Kupfer zählen, aber dieses Mal war es dieser Kerl.

„Verdammt noch mal, da fehlen mir doch tatsächlich achtunddreißig Cent." ärgerte sich der Typ, der dafür gesorgt hatte, dass die Schlange noch länger geworden war. Auch die Kassiererin verdrehte schon ungeduldig die Augen, als der noch mal nachzählen wollte.

Ich beugte mich zu ihm runter und sagte, freundlich wie ich bin: „Ich könnte dir die achtunddreißig Cent geben…"

Er drehte sich zu mir, schaute mich dankend an.

Ich wühlte kurz in meiner Geldbörse und beendete dann meinen Satz mit: „…mache ich aber nicht"

Der wäre fast geplatzt vor Wut und gab der Kassiererin die Tüte Salzstangen, damit sie diese wieder rausziehen konnte. Ich grinste ihn die ganze Zeit an und auch die Kassiererin hätte am liebsten geschrieen vor Lachen.

10. Auf die Probe gestellt

Ein Testkauf kann mehrere Gründe haben, zum einen soll es die Aufmerksamkeit des Personals erhöhen, um die Diebstahlquote in einer Filiale zu mindern und Inventurdifferenzen vorzubeugen.

Meistens läuft es so, dass ein Mitarbeiter aus einer anderen Filiale mit dem Bezirksleiter den gesamten Bezirk testet. Der Testkäufer geht in den Markt, befüllt den Einkaufswagen mit fünf oder sechs Artikeln, geht zur Kasse, legt die Ware auf das Laufband, lässt jedoch einen Artikel im Wagen und schaut, ob die Kassiererin das bemerkt.

Wenn's dann an das Bezahlen geht, gibt derjenige sich zu erkennen. Der Kassenbon wird storniert und je nachdem wie das Testergebnis ausgefallen ist, bekommt die Kassenkraft kurz darauf eine Ermahnung oder Abmahnung vom Bezirksleiter, der in der Zeit draußen gewartet hat.

Ich war ja zum Ende des Praktikums auch als Testkäufer unterwegs.

Die Testkäufe an sich haben mir zuerst noch Spaß gemacht, nur gegen Ende unserer Tour hat der mir dann erklärt, dass Testkäufe Konsequenzen für die Mitarbeiter hätten, die bis hin zur schriftlichen Abmahnung oder Kündigung reichten.

Da wurde mir erst, klar was ich getan hatte.

Einen Monat später wurde ich dann in eine Filiale versetzt, wo ich dann mit einer Kassiererin zusammenarbeiten musste, die vier Wochen vorher wegen meinem Testkauf eine Abmahnung bekommen hatte.

Der Spießroutenlauf war vorprogrammiert.

Auch eine gute Methode zum Testen ist, dass man zum Beispiel einen Sack Kartoffeln, ein großes Paket Waschpulver oder sonst etwas Schweres im Einkaufswagen lässt und dahinter einen Artikel versteckt, um zu schauen, ob die Kassiererin sich auch mal bewegt, um alles zu kontrollieren.

Eine andere Art von Testkauf wird oft von der Revision durchgeführt.

Da wird dann kontrolliert, ob das Kassenpersonal auch die richtigen Artikelnummern benutzt. Zum Beispiel werden gerne Äpfel genommen, da die sich teilweise sehr schwer auseinander halten lassen, Elstar, Braeburn, Gala, Granny Smith und wie sie alle heißen. Mal abgesehen davon, dass die eh dasselbe kosten, wird beim Aussortieren von nicht mehr so frischen Äpfeln eh nicht sortengemäß abgeschrieben, wenn überhaupt abgeschrieben wird.

Somit gilt hier auch nicht die Begründung, dass es sich hier um ein geschlossenes Warenwirtschaftsystem handelt oder die Vorbestellung beim Großhändler dadurch ungenau wird. Aber die Damen und Herren aus der Chefetage haben dadurch ein schönes Kontroll-tool für den Testkauf. Da werden drei Braeburn und ein Royal Gala in eine Tüte gepackt, diese wird ordentlich verknotet und es wird vom Kassierer verlangt, dass man, trotz voller Kassen an einem Samstagmittag, die Äpfel unterscheidet und separat wiegt.

Übersieht man dieses und kassiert vier Braeburn, rückt man der Abmahnung wieder ein Stück näher. Da wären wir wieder bei den Erbsenzählern und Erbsenbeschriftern die sich im „Management by Blue Jeans" gut eingefunden haben... An den wichtigsten Stellen sitzen die größten Nieten.

Ich habe bei einem Kollegen mitbekommen, dass der Testkäufer normal bezahlt hat, mit dem Wagen durch den Eingang wieder rein gekommen ist und wohl die ein Kilo Clementinen gegen 1,5 Kilo Orangen getauscht hat. Dann geht der mit gutem Gewissen zur Filialleiterin zeigt ihr den Kassenzettel und fragt, wieso der falsch kassiert habe. Der Kollege an der Kasse war stinkesauer, da er immer auf das Typenschild schaut, um sich zu vergewissern dass er das Richtige kassiert, was ich ihm auch glaube.

Aber er hat trotz Widerspruch eine Abmahnung erhalten.

Über dritte habe ich erfahren, dass in mehreren Filialen einige Mitarbeiter ihren Job verloren haben, da sie wohl bei der Spätkontrolle durchgefallen sind.

Bei der Spätkontrolle wartet der Bezirksleiter auf dem Parkplatz, bis die Angestellten die Filiale verlassen, danach werden Kleidung, Taschen und sogar teilweise die Autos kontrolliert. Wenn nur ein Kassenbon fehlt oder die Unterschrift vom Filialleiter darauf nicht zu finden ist, gilt das als Diebstahl, und man darf seine Arbeitskleidung direkt da lassen.

Eigentlich ist da ja nichts gegen einzuwenden, aber wenn Filialleiter und Bezirksleiter gemeinsame Sache machen und einem Kollegen vor Feierabend noch eine Schachtel Zigaretten in die Jacke stecken, um diesen Kollegen schnell los zu werden, dann ist das unterste Schublade.

Auch werden die Kassenbelege, die im Pausenraum an den Getränkeflaschen heften, gerne mal vorschnell entsorgt, um den Mitarbeiter des Diebstahls zu überführen.

Ich habe auch schon von Fällen gehört, da soll der Bezirksleiter sich den Autoschlüssel eines Mitarbeiters genommen haben und einige Artikel in seinen Kofferraum gepackt haben.
Ein Armutszeugnis für große, traditionsreiche Vorzeigefirmen.

Eine Lösung hier wäre natürlich, das Beauftragen von Firmen, die sich auf Testkäufe spezialisiert haben und das Personal unabhängig und objektiv testen.

11.Das Sortiment

Im Discounteinzelhandel, zumindest bei den „Riesen", kann man gut beobachten, wenn man durch verschiedene Filialen eines Unternehmens geht, dass die Regale alle gleich aufgebaut sind und überwiegend mit den gleichen Produkten bestückt sind.

Das hat den Vorteil, dass die Kunden sich wie „zu Hause" fühlen, sich gut zu Recht finden und ihre gewohnten Artikel kaufen. Eigentlich eine gut durchdachte Strategie und auch aus verkaufspolitischer Sicht äußerst sinnvoll.

Dazu kommt, dass die Kontrolle der Filiale einfacher ist, denn ein Bezirksleiter kann dann sofort sehen, welcher Artikel fehlt.

Nur die Art, wie neue Artikel in das Sortiment eingepflegt werden, ist interessant.

Die Zentrale gibt vor, dass der neue Artikel, genau zwischen Artikel x und y stehen muss. Das hat dann wiederum den Nachteil, dass man als Filialpersonal teilweise die kompletten Regale umbauen muss und alles anders hinstellen darf.

Es werden fast nur noch Artikel neu eingepflegt, ganz selten kommt es vor, dass mal ein Produkt raus genommen wird, somit platzen die Regale aus allen Nähten und für ein neues Produkt ist man einen halben Tag damit beschäftigt, um Platz dafür zu schaffen.

Natürlich ist es gut, möglichst viele Artikel in verschiedenen Variationen anzubieten, denn was man nicht anbietet, kann man nicht verkaufen.

Aber eigentlich ist es schade, dass die Filialleiter nicht selber entscheiden können, welche Artikel wo im Sortiment zu finden sind und eigentlich nur nach Anweisungen arbeiten. Man kann sein Wissen und seine Erfahrungen nicht richtig in das Unternehmen einbringen und sich entfalten. Ich hatte so viele Ideen, was man hätte verändern, verbessern oder vereinfachen können, aber ich stieß mit meinen Vorschlägen immer auf taube Ohren und Desinteresse, da alles, was man verändert, vorher mit dem Vorgesetzten abgesprochen werden muss. Wenn die Veränderung dann genehmigt wird und ein positives Ergebnis mit sich bringt, bekommt der Bezirksleiter das Lob.

Bringt der Vorschlag aber keinen Erfolg oder verursacht im Endeffekt nur Kosten, bekommt der Filialleiter einen Tadel.

Also egal wie sehr man sich für seinen Arbeitgeber und seinen Erfolg einsetzt, keiner dankt es einem.

Die Discounter haben ihre eigentlichen Eigenschaften, die vor ca. fünfundvierzig Jahren nach Deutschland geholt wurden, verloren.

Ursprünglich wurden im Discounteinzelhandel die Waren des täglichen Bedarfs auf Paletten in den Markt gestellt, und die Hausfrau von damals konnte sich selber bedienen. Wenn eine Palette leer war, wurde eine volle reingestellt, fertig. Der Personalaufwand und die Produktauswahl waren niedrig, Beratung war gleich null und die Preise waren durch gute Kalkulation und hohe Zahlungsziele äußerst niedrig.

Anfangs als Einkaufstempel für die sozial schwache Schicht abgestempelt, breiteten sich die damals eher kleinen Läden aus wie ein Strohfeuer.

Mittlerweile haben sich die Kaufgewohnheit, die Bedürfnisstruktur und sozialen Strukturen in Deutschland grundlegend geändert.

Und somit hat sich die Sortimentsstruktur der aktuellen Situation und der Nachfrage angepasst und wächst ständig mit.

Schon lange nicht mehr kann man beim Discounter

nicht nur Lebensmittel und andere Verbrauchsartikel erwerben sondern auch Computer, Kleidung und sogar ganze Einfamilienhäuser. Auch die Auswahl hat sich enorm vergrößert. Neben Markenprodukten finden auch immer mehr Eigenmarken der Unternehmen ihren Platz in den Regalen. Zwischen sieben- und neunhundert Artikel kann man, je nach Größe der jeweiligen Filiale, in den Auslagen finden.

Immer mehr Unternehmen dieser Branche schließen ihre kleinen, gepachteten/gemieteten Filialen und errichten ihre Konsumtempel mit genügend Parkplätzen selber, dadurch werden diese immer größer und übersichtlicher.
Ältere große Filialen werden weiter vergrößert, die Lagerfläche weicht dem Verkaufsraum, um mehr Angriffsfläche zu bieten und die angebotene Produktpalette weiter zu vergrößern.
Den Kunden erwartet ein immer breiteres und vor allem tieferes Sortiment, welches dem eines Warenhauses ähnelt. Die steigende Auswahl sollte eigentlich ein Indikator oder ein Grund dafür sein, um mehr Personal einzustellen, da das Nachfüllen der Ware immer zeitaufwendiger wird. Aber das Gegenteil passiert. Es werden noch zusätzlich Stunden gestrichen, Angestellte entlassen und der Druck und die Leistungsanforderung auf bzw. an die Mitarbeiter erhöht, da die Geschäftsleitung anscheinend nur sieht, dass die Umsätze gleich geblieben sind und die verkauften Stückzahlen je

Artikel zurückgegangen sind und somit die Kostenrechnung nicht mehr stimmt.

Dazu kommt die Tatsache, dass die Kunden wegen mangelnder Kaufkraft eher auf die günstigeren Eigenmarken zurückgreifen und die Preise durch den anhaltenden Wettbewerb in den Keller sinken, somit sinkt der Umsatz, aber die abgesetzte Menge bleibt gleich. Würde man dieses objektiv betrachten, käme man zu dem Ergebnis, dass der Arbeitsaufwand, bei gleich bleibendem Umsatz, gestiegen ist.

Die Vielfalt an Lebensmitteln bei den Discountern hat in den letzten Jahren stark zugenommen. Es wird immer mehr auf exotische, internationale und extravagante Nahrungsmittel gesetzt. Leckereien aus aller Herren Länder haben schon länger ihren Stammplatz in der Regalen und Truhen gefunden, welche man eigentlich eher in einem Warenhaus oder einem Feinkostgeschäft erwartet.

In einer Filiale hatte ich teilweise bis zu vierzehn verschiedene Sorten Müsliriegel von vier verschiedenen Herstellern, die die Regale blockierten. In meinem Supermarkt um die Ecke, welcher wirklich gut sortiert war, habe ich von zwei Herstellern acht verschiedene Müsliriegel gezählt.

Auch die Gebiete der Wellness-/Vital-, Bio-, und Lightprodukte wurden in der letzten Zeit sehr erweitert, um sich dem Trend der Gesellschaft anzupassen.

Die Produktauswahl wird ganz an die Wünsche und Bedürfnisse der Kunden angepasst und verändert sich ständig, um möglichst immer up to date zu sein.
Naja, besser gesagt, die meisten sind stets bemüht, „up to date" zu sein...
Anfang hat mich ein Kunde angesprochen und mir sein Interesse an einer TV-Karte für den PC gezeigt.
Ich folgte ihm zur Vitrine, und kurz vorm Aufschließen, dachte ich nur...,,Moment mal, das analoge Fernsehen gibt es doch gar nicht mehr, was soll der Kunde dann noch mit einer analogen TV-Karte??? Was sucht dieser Artikel noch im Verkauf???" Natürlich habe ich dem Kunden diesen Artikel nicht verkauft und habe ihn zu einem Fachhändler geschickt... soviel zum Thema „up to date"

Die Sparte Non-food (Nicht-Lebensmittel) ist aus den Filialen der Discounter nicht mehr weg zu denken, Elektroartikel, Bekleidung, Möbel und alles Mögliche aus dem Bereich „Sachen, die die Welt nicht braucht" kommen jede Woche neu in den Verkauf.

Meistens sind es die Themenwochen, die angepasst an die Saison, die Seiten der Prospekte schmücken. Garten- und Grillsaison, Weihnachten, Ostern, Einschulung und viele weitere Gebiete werden jede Woche aufs Neue angepriesen.

Wenn man das genauer verfolgt, merkt man, dass Anbieter A immer eine oder zwei Wochen nach Anbieter B fast identische Artikel im Prospekt stehen hat. Ich möchte nicht behaupten, dass es da Absprachen gibt, aber schon merkwürdig, dass die fast nie gleichzeitig für dasselbe werben.

Aktionsartikel, die nicht verkauft wurden, werden im Filial- oder im Zentrallager eingelagert, um Platz für die aktuelle Angebotsware zu schaffen und um dann nach einem Monat preisreduziert wieder auf den Wühltischen zu landen.

Wenn der Kunde dann sieht, dass der Artikel, den er vor vier Wochen gekauft hat, jetzt dreißig Prozent günstiger ist, dann kann man sich auf eine wirklich lange Diskussion einstellen. Natürlich gibt es auch Mitarbeiter, die das schamlos ausnutzen und die ihre „Einkäufe" einen Monat hinauszögern. Um ein paar Euro zu sparen, nehmen sie auch in Kauf, dass sie den Kunden sagen müssen, dass der Artikel bereits ausverkauft sei, obwohl noch einige Stück im Lager liegen.

12. Der Service

Auch wenn Deutschland schon des Öfteren als Servicewüste deklariert wurde, gibt es hier doch noch Serviceoasen, aber diese findet man definitiv nicht im Discountbereich.
Dort geht es nur um Umsatz und die Vermeidung bzw. Minderung von Kosten, da ist kein Platz für Beratung oder Serviceleistungen. Mal abgesehen vom Umtausch, bietet ein Discounter nichts anderes als günstige (kleine) Preise. Jegliche Beratung oder Betreuung von Kunden, sucht man dort vergebens, da die Personalbesetzung gerade mal ausreicht, um die Regale aufzufüllen und um Bestellungen zu machen.

Bei der Umstellung vom analogen auf das digitale Fernsehen wollte ich mir einen DVBT-Receiver zulegen. Als erstes habe ich mich bei meinem Discounter um die Ecke mal informieren wollen, da im aktuellen Prospekt zufällig gerade ein solches Gerät angeboten wurde. Leider war dieses bereits am zweiten Tag ausverkauft und ich fuhr zur nächsten Filiale, bei der ich dann mehr Glück hatte.

Aus Sicherheitsgründen wurde nur der leere Karton im Verkaufsraum ausgestellt, also störte ich eine Mitarbeiterin beim Ware verräumen und bat sie freundlich, mir etwas über dieses Gerät zu erzählen.

Ziemlich gereizt, nahm sie die Verpackung und las mir die Beschreibung auf dem Karton vor. Etwas enttäuscht fragte ich nach den Abmessungen des Gerätes und ob ich mir das mal anschauen könnte. „Der Receiver ist etwas kleiner als der Karton, und wie der aussieht, erkennt man ja auf der Abbildung, aber wenn sie den mal sehen möchten, müssen sie sich etwas gedulden, der liegt ganz hinten im Lager." Diese Aussage hatte ich auch verstanden und antwortete nur, dass sie sich nicht weiter bemühen müsse, bedankte mich und wünschte ihr noch einen schönen Tag.

Mein zweiter Anlaufpunkt war ein großer Elektro(fach)markt, in dem ich dann auf eine etwas größere Auswahl traf, was meine Kaufentscheidung nicht wirklich einfacher machte. Als ich mir dann endlich einen Verkäufer an Land gezogen hatte, hat dieser mir die Geräte sehr sporadisch erklärt, die Preise genannt, obwohl diese direkt an den Geräten standen und versuchte mich natürlich für den teuersten Receiver zu begeistern, aber hier kam es mir so vor, als hätte er die Beschreibung auf der Verpackung auswendig gelernt und einfach nur runtergelabert.

Dort verabschiedete ich mich auch nach kurzer Zeit mit der Begründung, dass ich mir das noch überlegen müsste.

Meine letzte Hoffnung lag jetzt in einem kleinen Fachgeschäft für TV- und

Videotechnik, wo bereits ein Verkäufer hinter seiner Theke auf mich wartete.

Das Faszinierendste war, dass ich mit Handschlag begrüßt wurde.

Ich bin aus allen Wolken gefallen, als er mir drei verschiedene Modelle zeigte und diese auch noch von vorne bis hinten erklärte. Eine halbe Stunde hat er mich aufgeklärt über digitales Fernsehen, stellte mir Fragen über meinen Fernseher und die räumlichen Gegebenheiten in meiner Wohnung, erläuterte die Fernbedienung und das Menu und und und.

Ich entschied mich dann für ein Gerät, bezahlte und bedankte mich für die gute Beratung. Ich war so was von begeistert, dass ich gar nicht mehr woanders hinwollte, auch wenn ich dasselbe Gerät woanders vielleicht hätte billiger haben können. Ich habe für den Receiver fünfzehn Euro mehr bezahlt, als ich beim Discounter ausgegeben hätte. Dafür habe ich ein Markengerät, einen direkten Ansprechpartner bei Problemen und die Gewissheit, dass ich jetzt das Gerät einfach bedienen kann.

Immer wieder gerne erinnere ich mich an dieses Verkaufsgespräch und bin immer noch begeistert über das Auftreten, das Fachwissen und die selbstverständliche Hilfsbereitschaft des Verkäufers.

Ein perfektes Beispiel dafür, dass sich ein wenig Mehraufwand für beide Seiten definitiv lohnt.

Selbstverständlich gehört die Sicherheit der Kunden nicht zum Service, sondern sollte selbstverständlich sein, aber ich sollte mich eines Besseren belehren lassen.

Im tiefsten Winter, alles war verhüllt in eine weiße Winterlandschaft, natürlich auch die Parkplätze der Discounterfilialen.

In einer Filiale ist der Vermieter für die Beseitigung von Eis und Schnee verantwortlich, in einer anderen sollte das Personal selber streuen.

Na gut, dachte ich mir, geh ich mal den Schnee wegmachen und holte mir zwei große Säcke mit Streusalz aus dem Lager…dachte ich…

Als ich den Filialleiter nach Handschuhen fragte, sagte er mir, dass dafür von der Firma keine gestellt würden.

Wer schon mal mit größeren Mengen Streusalz gearbeitet hat, weiß, dass das eigentlich gesundheitsschädlich ist, da der Haut Feuchtigkeit entzogen wird.

Als ich ihm das sagte, fragte er nur: „Salz???" … „Das ist doch nur Granulat!"

Ich zog meine Augenbrauen hoch, schaute ihn fragend an und meinte nur: „ Das ist jetzt ein Scherz, oder? ... Das bringt doch eh nix. Morgen ist es dann wieder genau so rutschig wie jetzt!!!"

Er schaute mich entsetzt an und meinte nur, dass ich doch mal an den Umweltschutz denken solle, und was das für die Natur bedeute und wir müssten da mit gutem Beispiel vorangehen…

Ich dachte mir meinen Teil und verteilte die zwei Säcke unter den verwirrten Blicken der Kunden auf dem Parkplatz.

Als wir dann abends aus der Filiale kamen und zu unseren Autos wollten, schlidderten wir trotz Unmengen an Granulat, über den Parkplatz.

Wenn man bedenkt, dass die Städte tonnenweise das Salz verteilen, wären die vierzig Kilo für unseren Parkplatz auch nicht aufgefallen. Vor allem würde man keine Prellungen und gebrochene Knochen riskieren.

Selbst die Kunden kommen in die Filiale und kaufen das Speisesalz auf, um etwas zum Streuen zu haben.

Leider habe ich es nicht persönlich mitbekommen, aber ein guter Freund hat mir von einem Vorfall in einem Baumarkt berichtet, den ich hier nicht auslassen kann.

Ich muss vorweg sagen, dass dieses Unternehmen damit wirbt, dass man keinen Service anbietet, kurze Öffnungszeiten hat, aber dafür die günstigsten Preise.

Da man dort neben dem Kassenpersonal wirklich nur zwei oder höchstens drei Mitarbeiter sieht, erinnert das echt an einen Discounter…nur ein wenig größer.

Mein Kumpel wollte lackieren, hatte zwei Dosen mit Acryllack zur Auswahl und wandte sich an einen Mitarbeiter:

„Entschuldigung, ich möchte meine Türen lackieren. Können sie mir sagen, welcher von den beiden sich besser dafür eignet?"

Darauf der Verkäufer ganz trocken:

„Könnte ich, aber das wäre ja Service und den bieten wir nicht an!"

drehte sich um und ging weiter.

Wie ich reagiert hätte weiß ich nicht, aber ich wäre im ersten Moment genau wie jeder andere wohl auch sprachlos gewesen.

Ich denke da wäre der Begriff „Servicewüste" noch ein Lob gewesen.

13. Die Produkte

Die Produktpalette im Discountbereich wächst ständig mit den Kaufgewohnheiten der Verbraucher. Dabei werden die Produkte von der Qualität her gesehen immer besser, zumindest was den Bereich Lebensmittel angeht.

Bei so Produkten wie z.B. Käse, Fleisch und Tütensuppen kann sich ein so großes Unternehmen halt keine Fehler erlauben. Dieses würde sofort als Skandal durch die Presse gehen und dem Image der Firma unendlichen Schaden zufügen.

Insbesondere die Eigenmarken werden, bevor sie das erste Mal in die Filialen gelangen, umfangreich auf „Herz und Nieren" geprüft.

Wenn jedoch mal ein Mangel bei einem solchen Produkte auftreten sollte, werden die Filialen umgehend informiert und die Waren unverzüglich aus dem Verkauf genommen.

Vorbildlich wird fast immer auf jeden Hinweis von Kunden und Lebensmittelkontrolleuren reagiert, um den Qualitätslevel der Produkte hoch zu halten.

„Fast immer", da die Kunden sich meist direkt an die Filialen wenden und das Personal diese „Beschwerden" oft ignorieren, als harmlos deklarieren oder als Einzelfall abstempeln.

Anders sieht es da im Bereich „non-food" aus.

Ich möchte nicht behaupten, dass die DVD-Player, Damenhandtaschen, Kleiderbügel und der andere Kram nicht ordentlich getestet werden, aber ich hatte meistens den Anschein, dass ich dort reinen Schrott, bzw. zukünftigen Sondermüll verkaufe, den man sonst nur in irgendwelchen „Ein-Euro-Shops" findet.

Die Unzufriedenheit der Kunden und ein möglicher Umtausch werden in Kauf genommen.

Ich habe etliche Artikel in den Verkaufsraum gestellt, von denen ich schon beim Auspacken wusste, dass ein Großteil der verkauften Menge innerhalb von kürzester

Zeit wieder den Weg zurück in die Filiale finden würde. Schlecht verarbeitete Herrenmokassins, Toaster für unter zehn Euro und digitale Video-

kameras, die einen Bruchteil eines Markengerätes kosten, wurden fast zu einhundert Prozent von unzufriedenen Kunden zurückgebracht.
Ich schämte mich, den Kunden diese Produkte zu verkaufen...

Zum Beispiel hatte ich eine Kundin, die mich fragte, ob das angepriesene Navigationsgerät auch was taugte, denn sie habe wohl einen Bekannten, welcher im Elektrofachmarkt arbeite und ihr ein Markengerät für zwanzig Euro mehr besorgen könne.
Ich fragte sie nur, warum sie dann noch überlegen würde, da sie sich die Antwort bereits selber gegeben habe.
Diese Frau war so perplex, da ich entgegen aller Regeln des Verkaufs gehandelt und sie zu einem Mitbewerber geschickt hatte.

Ein anderer Kunde hielt mich von der Arbeit ab und erkundigte sich nach dem gerade genannten Toaster für 9.99 Euro. „Hören sie mal, der Toaster hier für 9,99 Euro, kann der denn was???" Ich setzte einen zweifelnden Blick auf, der ihm vermitteln sollte, dass ich ihn nicht richtig ernst nehme und sagte nur: „Tja, zehn Euro halt!"

Er erwiderte meine Reaktion mit einem Schmunzeln und stellte das Gerät ohne Kommentar wieder zurück.

Auch eine Digitalkamera sollte an den Mann, bzw. an die Frau gebracht werden…für neunundvierzig Euro.
Da ich mich ein wenig mit der Materie auskenne, wusste ich auch bei diesem Produkt, dass es nicht das ist, was einem versprochen wurde.
Auch hier kamen etliche Kunden auf mich zu, um mich nach diversen Eigenschaften der Kamera zu fragen. Ich war es nach einigen Kunden einfach leid, sie mit fachlichen Antworten vom Kauf abzubringen und fragte nur zurück, was sie für fünfzig Euro erwarteten oder warum sie dächten, warum Markenprodukte weit mehr als das doppelte kosteten…

Vom unternehmerischen Standpunkt her gesehen, habe ich mich absolut falsch oder sogar geschäftsschädigend verhalten, da ich den Leuten die Produkte nicht „schmackhaft" gemacht hatte.
Aus Sicht der Kundenzufriedenheit habe ich mich meiner Meinung nach vollkommen korrekt verhalten, da ich vielen Kunden den leidigen Umtausch erspart habe. Ich bin halt ein Mensch, der

nichts verkaufen kann, wovon er nicht selber hundertprozentig überzeugt ist.

Ich möchte auch nicht behaupten, dass alles was jede Woche in den Handzetteln angeboten wird, reiner „Kernschrott" ist, aber man sollte sich auch als Konsument mal selber fragen, ob das wirklich das ist, was man haben will und ob das nicht nur interessant ist, weil es vom billigen Discounter kommt.

Wenn die Artikel ausgeliefert werden, kommen sie in großen Kartons, auf welchen oft die asiatische Herkunft klar zu erkennen ist. Wenn man diese dann öffnet, stößt man auf Verpackungen mit deutscher Aufschrift, TÜV- Emblemen und mit deutschen Markennamen. Es mag sein, dass deutsche Unternehmen ihre Produkte mit Lizenz und nach deutschen Standards im Ausland herstellen lassen, aber Fakt ist, dass diese Artikel im Ausland hergestellt werden.
Somit wandert das Geld der Kunden in diese Billiglohnländer und verlässt den Wirtschaftskreislauf der BRD. Das erklärt unter anderem auch die günstigen Preise, mit denen die Discounter ihre Waren auf den Markt schmeißen.

14. Der Umtausch

Wenn man als Kunde mit einem Artikel nicht zufrieden ist, er einem nicht gefällt, er defekt ist, einen Mangel hat oder man einfach einen Fehlkauf getätigt hat, möchte man diesen meistens gerne umtauschen.

Es gibt etliche Gesetze, Vorschriften und Rechtssprechungen zu verschiedenen Themen wie Reklamation, Gewährleistung, Kaufvertragswandlung, Nacherfüllung, Garantie, Rücknahme und und und.

Da dem Händler da auch Freiräume eingeräumt werden, möchte ich da nicht genauer drauf eingehen und hier alles erklären, da das eh die wenigsten interessiert.

Wenn man aber im Einzelhandel, im Verkauf, sozusagen direkt „an der Front", damit zu tun hat, erlebt man die unglaublichsten Geschichten.

Bei meinem vorherigen Arbeitgeber konnte ich ziemlich locker mit meinen Kunden umgehen und hatte da kaum Probleme, da wir angewiesen wurden, grundsätzlich alles umzutauschen, um den Kunden zu behalten und ihm das Gefühl zu geben, dass er ernst genommen wird.

Dazu kommt, dass in meiner Filiale der Getränke-fachmarktkette Reklamationen oder Beschwerden äußerst selten waren.

Ganz anders sieht es da bei den Discountern aus.

Den ersten kuriosen Fall habe ich mitbekommen, als ich anfangs im Praktikum war. Eine Kundin kam an die Kasse und wollte einen Artikel umtauschen, weil er defekt war. Die Kassiererin schaute auf den Kassenbon und meinte freundlich zu ihr, dass der Artikel vor mehr als einem Monat hier gekauft worden sei und dass nach dieser Zeit der Hersteller für die Garantie zuständig sei. Sie solle sich doch bitte an die Adresse auf der Verpackung wenden, die würden sich dann um die Abwicklung kümmern.

Eigentlich erwartet man da eine etwas geknickte aber verständnisvolle Reaktion vom Kunden, aber was die da abgezogen hat, war alles andere als gesittet.

Anfangs nur etwas verwundert, verlangte sie nach dem Filialleiter, so dass die Kassiererin klingelte, die Chefin ihre Bestellung unterbrach und nach vorne ging. Ich räumte weiter meine Joghurts in das Kühlregal ein, bis ich die lauter werdende Kundin hörte.

„Das ist doch eine Unverschämtheit.

Wie kann man seine Kunden so behandeln?

Ich gehe hier nicht eher weg, bis sie mir das umgetauscht haben!

Unfassbar, ich werde mich bei der Geschäftsleitung beschweren!"

Die Filialleiterin blieb noch so cool und nannte ihr daraufhin noch die Anschrift der Hauptverwaltung, so dass die Kundin völlig ausrastete und anfing hysterisch zu schreien, obwohl die Kollegin ganz ruhig und vernünftig mit ihr geredet und versucht hatte, die Sache zu erklären.

Die Umtausch- und Reklamationsbedingungen hängen in der Filiale gut sichtbar für jeden Kunden, aus.

Alle Mitarbeiter und Kunden im Verkaufsraum und im Lager bekamen mit, wie die Kundin dann so richtig loslegte.

„Was bilden sie sich eigentlich ein?

Wissen sie eigentlich, wen sie vor sich haben?

Machen sie das mit allen Kunden so, dass sie die so über den Leisten ziehen?

Schämen sie sich denn gar nicht?"

Mittlerweile hatte sich die Chefin von ihr abgewandt und sich ins Büro verzogen, damit sie selber nicht auch noch ausrastete. Das störte die Kundin wenig.

Sie hämmerte an die Tür und schrie weiter.

„Ich glaube das jetzt nicht!! Ich rede mit ihnen und sie lassen mich hier einfach stehen?

Kommen sie da jetzt raus und tauschen sie mir das Teil gefälligst um!

Ich habe genug Zeit! Ich werde hier nicht weggehen, irgendwann müssen sie ja da raus kommen."

Eine andere Kollegin versuchte nochmals diese Furie zu beruhigen und ihr zu erklären, dass wir das nicht umtauschen dürften und wir Ärger bekämen, wenn wir das doch machten.

„Das glauben sie ja wohl selber nicht!

Das ist doch alles nur Schikane hier, das melde ich der Presse!

Ehrliche Kunden werden hier einfach gar nicht beachtet!"

Wenn die wüsste, dass wir zu dritt im Büro standen, die Situation durch das verspiegelte Bürofenster beobachteten und uns köstlich über sie amüsierten, dann wäre die in einen Blutrausch verfallen, hätte Schaum vorm Mund bekommen und den ganzen Markt zu Kleinholz verarbeitet.

Nach etwa einer halben Stunde Warten und Meckern vor der Bürotür hat sie dann nachgegeben und die Filiale mit hochrotem Kopf und einem Blutdruck von geschätzten zweihundertzehn verlassen.

Ein anderer Kunde wollte mich überzeugen, dass er den mitgebrachten Videorekorder bei mir umtauschen könne.

Ich war zu dem Zeitpunkt der Verantwortliche in der Filiale und kümmerte mich um den Fall.

Ich schaute auf den Kassenzettel und musste schon schmunzeln, da der Kunde aber sehr vernünftig auf mich zukam, versuchte ich ihm direkt mit Engelszungen zu erklären, dass er doch bitte den Videorecorder, welchen er vor zwanzig Monaten hier gekauft hatte, an den Hersteller schicken möchte.

Er versuchte mir dann zu erklären, wie die Gesetzeslage ist und drohte damit seinen Anwalt einzuschalten, da so etwas nicht rechtens ist.

„Denkt der eigentlich, dass er der einzige ist, der versucht seinen Schrott loszuwerden?"

Er kam dann noch mit dem Argument, dass wir doch den selben Apparat im Verkauf hätten und man den doch einfach auswechseln könnte.

„Das kann der sich direkt mal aus dem Kopf schlagen", dachte ich mir.

Ich sagte nur: „Ich würde ihnen das Gerät ohne Widerworte umtauschen, aber ich habe die Anweisung erhalten, dass wir das nur einen Monat dürfen. Da ich mich noch in der Probezeit befinde, werde ich auch nicht gegen diese Vorschrift verstoßen. Ich hoffe, sie haben Verständnis für meine Entscheidung."

Einsichtig bedankte sich für meine Hilfe und wünschte mir noch alles Gute. Jedoch werde er seinen Anwalt befragen, ob das so in Ordnung sei und verließ die Filiale. An diesem Beispiel kann man deutlich erkennen, dass man mit Freundlichkeit doch weiterkommt. Ich habe den Kunden übrigens nie wieder gesehen.

Auch ich habe als Kunde schlechte Erfahrung mit einer Untauschaktion gemacht.

Bei einem Räumungsverkauf in einem großen Teppichgeschäft in Duisburg hatte ich mit meiner Mutter einen Teppich erworben. Natürlich wollten wir erst mal schauen, ob dieser Teppich auch in ihrem Wohnzimmer so zur Geltung kam wie im Geschäft. Also fragte ich den sehr hilfsbereiten Verkäufer, ob es denn möglich wäre, den bei Nichtgefallen umzutauschen. „Selbstverständlich, gar kein Problem, unsere neue Filiale in Langenfeld ist noch größer und hat noch mehr Auswahl, dort können sie den ohne Probleme umtauschen."
„Na Ja", dachte ich mir, „das ist ja auch nicht so weit. Machen wir zur Not mal einen Ausflug ins Rheinland." Am nächsten Morgen stellte sich

dann heraus, dass die Farben wohl nur unter den Neonröhren richtig echt wirkten und bei normalem Tageslicht total anders rüberkamen.

Also machten wir uns einen Tag später auf den Weg in die neue Filiale. Nachdem ich den Teppich und die Quittung dann auf die Kasse gelegt hatte, bekam ich einen Verrechnungsgutschein mit den Worten: „Schauen sie sich bitte um, vielleicht ist ja was anderes für sie in unserer Auswahl dabei." „Ok", dachte ich mir, „dann müssen die nicht auszahlen und nachher wieder kassieren. Spart man sich Arbeit." Also schlenderten wir stundenlang durch die Hallen, um vielleicht den perfekten Teppich zu finden. Zufällig trafen wir auch wieder auf den netten Verkäufer von vor zwei Tagen. Schließlich fanden wir auch einen Teppich, der uns ansprach und welcher sogar vierhundert D-Mark günstiger war als der andere.

Also nix wie hin zur Kasse, den Gutschein gezückt und die Hand aufgehalten.

Ich war natürlich davon ausgegangen, dass ich jetzt vierhundert D-Mark in die Hand gedrückt bekäme. Aber Nein, man reichte mir einen neuen Gutschein über diesen Betrag…

Ich schaute die Kassiererin fragend an und meinte nur: „Das ist jetzt nicht ihr Ernst, oder?? Sie glauben doch jetzt nicht, dass ich jetzt noch einen zweiten Teppich kaufe??"

Daraufhin sagte sie: „Der Gutschein ist natürlich dauerhaft gültig, sie können den auch ein anderes mal einlösen" und packte den Durchschlag von dem Gutschein in einen Ordner, in dem sich noch mindestens zweihundert dieser Schriftstücke befanden.

„Gute Frau, wir haben bei uns Laminat und Fliesen und brauchen nur einen Teppich für unter den Wohnzimmertisch. Ich werde bestimmt nicht zusehen, wie sie mit meinem Geld arbeiten, bis ich wieder einen neuen Teppich brauche." sagte ich dann etwas lauter. Die anderen Kunden schauten schon misstrauisch und schwupps… war der Chef schon da, welcher direkt versuchte auf mich einzureden.

Ich beachtete ihn erst gar nicht, drehte mich weg zum nächsten Kunden und bat den, mir diesen Gutschein abzukaufen, beziehungsweise mit seinem Einkauf für mich einzulösen.

Da schrie der Chef auf einmal los, was mir einfallen würde und wies die Kassiererin an, den Gutschein nicht anzunehmen.

Ich drehte mich dann langsam zu dem Chef um, ging noch einen Schritt auf den zu und schaute dem tief in die Augen, so als würde ich dem gleich an die Gurgel gehen wollen. „Gehen sie bitte aus meinem Geschäft, oder ich hole die Polizei." sagte er mit ängstlicher Stimme…

„Bitte, tun sie das, aber ich hoffe sie wissen, dass die Staatsanwaltschaft dann auch informiert wird und ihre Geschäftspraktiken unter die Lupe nimmt…" erwiderte ich grinsend.

Er schaute bedrückt um sich, kramte in seiner Hosentasche, drückte mir einen Zettel mit einer Adresse in die Hand und meinte, dass ich mich doch bitte an die Geschäftsleitung wenden möchte, die würden das dann regeln und dafür sorgen, dass ich mein Geld bekäme.

Mittlerweile hatten schon einige Kunden das Geschäft verlassen und ich sagte triumphierend: „Sehen sie, geht doch…warum nicht gleich so?"

Einige Tage später hatte ich, nach ein wenig Schriftverkehr mit den Verantwortlichen, dann das Geld auf meinem Konto.

Ich weiß nicht ob diese Methode des Teppichhändlers, rechtlich gesehen, in Ordnung ist, aber kundenfreundlich ist diese bestimmt nicht.

15. Arbeitszeit und Mehrarbeit

Geplant sind im Normalfall 38,5 Stunden in der Woche, aber ich bin vielleicht in einer Woche in diesem halben Jahr auf diese Stundenzahl gekommen, aber in dieser Woche lag ich auch zwei Tage mit Grippe im Bett.

Man fängt morgens um kurz nach sechs an, da man sonst seine Arbeit nicht geregelt bekommt.

Die Masse an vorbereitenden Aufgaben für den Tag kann man auch mit dem vorgegebenen Personalstunden nur ganz knapp und mit viel Stress erledigen. Man kann froh sein, wenn man noch vor Ladenöffnung Zeit hat, schnell eine Tasse Kaffee zu schlürfen. Obwohl man den auch nicht genießen kann, weil man in dieser Zeit mit dem Personal die heutigen Aufgaben bespricht. Wenn man Glück hat und die Mitarbeiter hinter einem stehen und den Chef oder die Chefin unterstützen, fangen die Mitarbeiter auch um sechs an, obwohl sie erst ab sieben für ihren Einsatz bezahlt werden.

Wenn man erst um sieben anfängt, hat man nach Ladenöffnung nur noch Stress, weil alles liegen bleibt,

Kunden dazwischenfunken und die Bezirksleiter anrufen, weil sie irgendwas wissen wollen.

Nach einigen Monaten ist man soweit, dass man weiß, dass man eigentlich gar keine Zeit für seine Pausen hat, da man noch ohne Ende Arbeit vor sich hat.

Nach dieser Zeit verdrängt man auch das Hungergefühl oder lernt es zu unterdrücken, damit man noch dieses und jenes dringend erledigen kann.

Wenn man es dann doch schafft, seine Pausen zu nehmen, schlingt man schnell irgendwas runter, damit das Grummeln in der Magengegend aufhört, aber die volle Pausenzeit nimmt man als Filialleiter eh nicht…von den geplanten zwei Stunden nimmt man vielleicht effektiv eine.

Manche verbringen ihre Pausen auch im Büro und erledigen noch irgendwelchen Schreibkram, während sie sich ein belegtes Brötchen reinschieben. Magengeschwüre und Mangelerscheinungen wegen falscher Ernährung sind so sicher wie das Amen in der Kirche. Man kann seine Pausen auch nicht außer Haus verbringen, da man ja im Notfall da zu sein hat.

Deshalb sind wahrscheinlich auch die Fenster in den Sozialräumen vergittert.

Der Bezirksleiter erscheint eigentlich immer wenn man gerade genüsslich in sein Teilchen beißen möchte und fragt dann noch: „Sind sie schon wieder am essen, oder immer noch???" Er meint es vielleicht nicht so, möchte auch mal einen Scherz machen, aber er sollte den nicht auf dem Rücken von fülligeren Mitarbeitern machen.

Würde es nach dem gehen, müsste man den Toilettengang auch noch von der Arbeitszeit abziehen.

Wenn man es dann schafft, um neunzehn Uhr Feierabend zu machen, kann man froh sein, dass man den Dreizehn-Stunden-Tag hinter sich gebracht hat.

Aber im Normalfall denkt man sich, dass man die eine Stunde bis um acht auch noch da bleiben kann und etwas für morgen vorbereiten kann.

Der Tag ist eh im Eimer und schenkt dem Unternehmen dann doch eine Stunde.

Bei manchen Discountern wird noch lange nach Ladenschluss gearbeitet, das Aufräumen und Putzen wird dann nach Feierabend vom Personal erledigt, so dass man teilweise erst um neun Uhr oder später aus der Filiale kommt.

Nach drei Monaten ist mir aufgefallen, dass sich selbst meine Schlafgewohnheiten geändert hatten, denn bedingt durch die Arbeitszeiten, den Stress und die

Sorge um den nächsten Tag stellt sich der Körper um.

Man ist um kurz vor neun zu Hause, setzt sich erst mal auf die Couch, um ein paar Minuten zu entspannen. Nachdem man sich dann etwas zu essen gemacht

hat und um viertel vor Zehn dann noch eben Post und E-Mails nachgeschaut hat, setzt man sich wieder vor den Fernseher, grübelt über den heutigen Tag und macht schon Pläne für morgen.

Man ist noch so aufgedreht, dass man erst nach zwölf ins Bett geht, obwohl um fünf schon der Wecker geht.

Selbst in der Nacht, während man schläft, bleiben die Gedanken in der Filiale, bei den Bestellungen oder beim Personaleinsatzplan und man wird automatisch um halb fünf wach.

Laut Betriebsverfassungsgesetz ist eine tägliche Höchstarbeitszeit von zehn Stunden vorgeschrieben. Die erlaubte Ausnahme wird beim Discounter eigentlich zur Regel. Man sollte eigentlich, wenn man voraussichtlich diese zehn Stunden überschreitet, den Bezirksleiter informieren, was man natürlich nicht macht, weil der dann jeden Tag mindestens zwanzig Anrufe mit dem gleichen Inhalt erhalten würde und dann noch genervter ist. Jeder Bus- oder LKW-Fahrer, welcher seine Lenkzeiten überschreitet, bekommt eine empfind-

liche Strafe, aber was ist mit den Leuten die pro Woche
sechzig, bei Neueröffnungen sogar bis zu achtzig Stunden in der Filiale sind???

Es ist natürlich nicht eine vergleichbare Gefahr für andere gegeben, aber die Gesundheit, vor allem die Psyche des Mitarbeiters, leidet unter diesen Bedingungen. Von den privaten Folgen, wie Ehe- und Erziehungsproblemen mal ganz abgesehen...

Man entwickelt ein Verpflichtungsgefühl für seinen Arbeitgeber und das Verantwortungsbewusstsein für die Kollegen und die Filiale, übersteigen bald das, was man eigentlich für sein Privatleben aufbringen sollte. Die Familie wird sehr schnell von Platz eins verdrängt und man macht schneller Abstriche im Privatbereich, als man eigentlich möchte, weil es nicht anders geht und der erwartete Leistungsdruck immer weiter steigt.

Bei vielen Filialleitern kann man beobachten, dass ihr Gewicht in kürzester Zeit, bedingt durch die viele harte Arbeit und den Stress, abnimmt.

Eigentlich bin ich froh, dass ich in einem halben Jahr, trotz ungesunder Ernährung, zwanzig Kilo verloren habe, aber es war bestimmt nicht auf die sinnvollste und gesündeste Art.

Manche Filialleiter machen nur aus einem bestimmten Grund freiwillig Überstunden, da sie sonst mehr Personal einplanen müssten und somit keinen Anspruch auf ihre Prämie hätten.

Sie verzichten auf ihre Freizeit und vergessen, ohne jeglichen Skrupel, auch gerne mal die geleisteten Stunden der Mitarbeiter zu notieren, immer in der Hoffnung, dass das nicht auffällt oder die Mitarbeiter das nicht so eng sehen, damit sie im Stundensoll bleiben.

16. Mobbing / Bossing

Jeder kennt dieses Wort aber viele wissen kaum was damit wirklich gemeint ist.

Psychoterror am Arbeitsplatz gibt es seit Ewigkeiten. Aber erst in den letzten Jahren wird diese Form der Negativ-Motivation ernst genommen.

Die Mitarbeiter werden von Kollegen niedergemacht, beleidigt, diskriminiert und einfach ignoriert.

Alleine dieses hinter dem Rücken des Kollegen Tuscheln und Tratschen, sehe ich bereits als Mobbing.

Meistens aber fallen Sätze wie:

„Wieso sind sie so langsam? Machen sie mal eine Diät, dann sind ihre Bewegungen auch nicht mehr so träge."

„Andere schaffen das in der Hälfte der Zeit, wenn sie das nicht können, dann sollten sie sich was anderes suchen."

„Denken sie überhaupt in irgendeiner Art mit, oder ist da zu viel für sie?"

Ich habe diese Sprüche nicht persönlich mitbekommen, aber aus Gesprächen und Erzählungen von anderen Mitarbeitern habe ich schon einiges erfahren, aber das würde hier den Rahmen sprengen.

Fakt aber ist, dass solche Methoden gang und gebe sind, um die unerwünschten und vielleicht etwas benachteiligten Kollegen dazu zu treiben, dass sie von alleine die Firma verlassen.

Von der Geschäftsleitung gedeckt, wenden auch die Vorgesetzten diese Mittel an, um noch mehr Leistung aus den Filialen rauszuholen.

Zur Verschärfung des Leistungsdrucks auf die Mitarbeiter wird mittlerweile sogar auch auf Infoblättern aus der Chefetage erläutert, wie man das am besten anwendet.

Natürlich wird niemand aus den Unternehmen dieses zugeben, obwohl es ein offenes Geheimnis ist, dass „Bossing" gezielt angewendet wird, um die Mitarbeiter einzuschüchtern und gefügig zu machen.

An manchen Instituten, Universitäten und Schulen wird dieses als „Management by Champions (Pilze)" bezeichnet.

Die Angestellten werden im Dunkeln gelassen, ab und an mit Mist beworfen und wenn sie den Kopf rausstrecken, wird er abgeschnitten.

Ab und zu taucht mal ein Mobbingopfer auf, welches im Fernsehen auspackt und ein wenig über das Erlebte spricht, aber mehr erfährt die Öffentlichkeit nicht.

Das ist aber nur eine kleine Spitze des Eisberges.

Die Verantwortlichen werden weder zur Rechenschaft gezogen, noch ändern die sich, da alles aus der Chefetage gedeckt wird.

Wie sagt man so schön: „Der Fisch fängt am Kopf an zu stinken."

Niemals würde ein Geschäftsführer oder ein Regionalleiter seinem Bezirks- oder Filialleiter in den Rücken fallen, wenn er im Sinne des Unternehmens gehandelt hat.

Man hat volle Deckung beim „Erziehen" seiner Mitarbeiter…

Nicht umsonst wählen Discounter für leitende Positionen gerne Ehemalige aus der Bundeswehr, die Ihren „Drill" in ihrem Unternehmen weiterführen sollen.

Dass die Würde der Mitarbeiter da auf der Strecke bleibt, wird bewusst vorausgesetzt.

Dem Personal in den Filialen soll der eigene Wille und auch die eigene Meinung genommen werden, so dass sie nur noch wie am Fliessband arbeiten, streng nach „Schema F".

Für fast jede Situation, Aktion und für jeden Vorfall in der Filiale gibt es eine Vorschrift, eine Anweisung oder eine Regel.

Sollte doch mal ein ungewöhnliches Problem auftreten, darf man nicht selber darüber entscheiden.

Man muss für jede Veränderung in der Filiale, für jede Kleinigkeit und für eigentlich logische Sachen seinen Vorgesetzten anrufen und um Erlaubnis fragen.

Das hat mit dem eigentlichen Beruf des Filialleiters nichts mehr zu tun. Man wird nur noch als „human Capital" angesehen. Eigentlich fehlt nur noch, dass man wie in einem schlechten Film, in dem Strafgefangene vorkommen, mit einer Nummer angeredet wird.

Man wird nicht mehr an seinen Fähigkeiten oder an seinem Umgang mit dem Personal gemessen.

Die Zufriedenheit oder die sozialen Interessen des Personals sind für die Unternehmensziele uninteressant.

Alles, was wirklich zählt, sind Umsatz und Leistung, und das wird mit allen möglichen Mitteln versucht durchzubringen.

Selbst das Einführen eines Betriebsrates wird teilweise mit allen möglichen Mitteln versucht, zu verhindern und die schaffen das auch.

Schaut man sich im Internet ein wenig um, erfährt man schnell, dass Betriebsratswahlen manipuliert werden, indem den Mitarbeitern sogar mit Kündigung gedroht wird, aber das ist nicht nur im Discountbereich so.

Aber selbst wenn es eine Arbeitnehmervertretung im Unternehmen gibt, wird diese manipuliert und meistens so gewählt, dass die Interessen der Firma über denen der Mitarbeiter stehen.

17. Presse/Werbung

Aufgrund der besseren wirtschaftlichen Lage und des angekündigten Aufschwungs hat letztens ein Discounter in der Presse verlauten lassen, durch geplante Expansion zweitausend neue Stellen zu schaffen.

Der „WOW"- Effekt hat voll zugeschlagen. Jeder denkt, dass jetzt auf einen Schlag zweitausend Arbeitslose, die seit langem auf Arbeit warten, endlich ihre Chance bekommen.

1. Die 2000 Jobs beziehen sich wahrscheinlich auf das komplette Unternehmen, also auch auf die Bezirke und Filialen im europäischen Ausland.
2. Es werden in erster Linie Mitarbeiter gesucht, die schon Erfahrung im Discountbereich haben oder am besten noch dort arbeiten.
3. Wenn Arbeitssuchende eingestellt werden, dann werden diese von der Agentur für Arbeit mit Geldmitteln gefördert, so dass das Unternehmen durch dieses „Sponsoring", billige Arbeitskräfte hat.
4. Die „Neueingestellten" haben definitiv eine Probezeit und einen Zeitvertrag.

5. Neue Besen kehren gut…neben den Neueinstellungen wird es auch etliche Entlassungen geben, da die „alten" Mitarbeiter
   um einiges teurer sind

Wenn also von den zweitausend angepriesenen
Personalzugängen, nachhaltig gesehen, dreihun-
dert übrig bleiben, kann man das dann auch als
Erfolg für den Arbeitsmarkt sehen?

Auch die anderen Discounter versuchen durch
positive PR auf Kundenfang zu gehen, da der wöchentliche Handzettel, mit denen die Öffentlichkeit bombardiert wird, wohl nicht ausreichen, um
die Kunden für ihre Produkte zu begeistern.

Manche brauchen noch nicht einmal ihre Prospekte zu verteilen, da die Kunden eh mindestens einmal in der Woche „zu Gast" sind und automatisch
ein Exemplar mitnehmen.

Es sind Berichte durch die Presse gegangen, in
denen von „schwarzen Büchern" die Rede ist.

Was da genau drin steht, worum es da genau geht
und was dagegen unternommen wird, darüber
wird kein Wort berichtet.

Natürlich können und trauen sich die Medien
nicht großartig über die personellen und mensch-
lichen Missstände in diesem Bereich der Wirtschaft zu berichten, da die Discounter als wichti-

ger und großer Arbeitgeber so gut wie unantastbar sind.

Die „Macht" der Grossen, politisch, rechtlich und finanziell, übertrifft jegliche Vorstellungskraft.

Da können auch Gewerkschaften, Interessengemeinschaften und Betriebsräte, wenn der Discounter diese zulässt, nicht gegen ankämpfen.

18. Meine Kündigung

In meinem Vertrag wurde eine Probezeit von 3 Monaten vereinbart, so dass ich im März mit gutem Gewissen eine größere Anschaffung tätigen konnte, da ich ja zumindest bis Februar nächsten Jahres definitiv einen Job haben sollte.

Die Kollegen und Vorgesetzten waren mit meiner Leistung und meiner Einstellung im großen und ganzen zufrieden, da ich mir in der Zeit den Allerwertesten für dieses Unternehmen aufgerissen hatte, Überstunden, besser gesagt, freiwillige Mehrarbeit geleistet und mich aktiv in das Team eingefügt hatte.

Ich hatte zwar noch nicht die Kenntnisse und Fähigkeiten, eine eigene Filiale zu leiten, aber das wird schon…dachte ich.

Nach der Probezeit kamen weder Tadel noch Kritik an meiner Arbeit, und ich bereitete mich mental auf die eigene Filiale vor. Endlich mein eigenes Team und endlich kann ich mal beweisen, was ich drauf habe. Die negativen Aspekte waren wie vom Erdboden verschluckt. Dann, an dem einen Samstag, Ende Mai hatte ich ein richtig gutes Gefühl, als der Bezirksleiter in die Filiale kam. Ich wusste, heute würde sich was ändern, heute ist es soweit, du bekommst endlich deine Chance. Er bat mich in das Büro und ich dachte nur, dass fünf Monate der Schufterei, fast ein halben Jahr Blut, Schweiß und kaputte Nerven, sich endlich bezahlt gemacht haben.

Aber ich hatte mich getäuscht…

„Es tut mir leid, aber unser Unternehmen hat sich dazu entschlossen ihren, Arbeitsvertrag zu kündigen."

Ich dachte ich höre nicht richtig, und sagte, dass meine Probezeit vor zwei Monaten abgelaufen sei…und außerdem mit welcher Begründung???

„Wir bewegen und in der gesetzlichen Kündigungsfrist und eine Begründung müssen wir dabei nicht abgeben. Heute ist ihr letzter Arbeitstag, für den nächsten Monat sind sie freigestellt. Heute bleiben sie bitte noch bis zum Feierabend und übergeben dann der Filialleiterin ihre Arbeitskleidung, ihre Kasse und ihren Schlüssel."

Ich war so perplex, dass ich nur sagte, dass ich das jetzt nicht glauben könne und habe die Kündigung ohne weitere Widerworte entgegengenommen.

Zum Schluss meinte er noch: „Sie sind noch jung und haben eine gute Ausbildung...sie finden bestimmt schnell etwas Neues."

Als dieser Satz fiel, hätte ich um ein Haar meine gute Kinderstube vergessen.

Wieder lief ein Film vor meinen Augen ab, in dem ich ihn bat, seine Brille abzusetzen und habe ihm mit meiner rechten Faust den Unterkiefer zerschmettert habe und als er am Boden lag, habe ich noch einige male mit voller Wucht in seine Magengrube getreten.

Aber dann wurde ich wieder in die Realität zurückgeholt, als die Filialleiterin, die dabei stand, ihn fragte, ob ich nicht wenigstens als Teilzeitkraft bleiben könne.

Ich schüttelte nur verneinend meinen wahrscheinlich hochroten Kopf und schaute den Bezirksleiter in die Augen, und er wusste, dass er jetzt besser gehen sollte, was er dann auch tat.

Ich habe dann noch mit einer aufgesetzten, verdammt guten Laune bis zum Feierabend an der

Kasse gesessen, so dass die Kolleginnen und Kollegen, die das mittlerweile auch erfahren hatten, wohl dachten, dass ich gleich ausflippe, wie wild um mich schlage und den ganzen Laden auseinander nehme.

Aber ich blieb cool, da ich mir dachte, dass jedes falsche Wort oder ein vorzeitiges verlassen des Arbeitsplatzes mir nachher bei einem Rechtsstreit negativ oder als Arbeitsverweigerung ausgelegt werden könnte.

Natürlich ging ich am nächsten Tag zu einem Anwalt, welcher mir dann zumindest zu einem weiteren Monat Beschäftigung bzw. Bezahlung und einer besseren Bewertung in meinem Zeugnis verhalf.

Während der Gerichtsverhandlung kamen die gegnerischen Anwälte dann darauf, dass ich wohl noch sieben Minusstunden auf meinem Arbeitskonto habe. Ich habe mich zurückgehalten und habe freundlich gesagt, dass mir auch noch der komplette Urlaub zustände und die Minusstunden sich wohl mit der von mir geleisteten, freiwilligen Mehrarbeit erledigt hätten.

Der Richter schaute nur verdutzt, und die beiden Rechtsverdreher, die uns gegenübersaßen, ließen nur ein leises „Ok" über ihre Lippen wandern und waren auf einmal ganz still.

19. Schlusswort

Die Regierung hat vor einiger Zeit einmal über die Einführung von Elite-Universitäten debattiert.
Ich habe mich gefragt, welchen Nutzen diese Investition hat und ob das der richtige Weg ist, die Bildungsdefizite in den Griff zu bekommen.
Ja, es soll wieder mal am falschen Ende gespart oder investiert werden. Was nützen gezüchtete Genies, die hunderttausende im Jahr verdienen?
Sie können dieses Geld nicht richtig ausgeben, da die Angestellten im Handel die besser betuchten Kunden durch fehlende Qualifikation und Fachwissen nicht richtig oder gar nicht beraten können. Dazu kommen dann noch die Gehaltsunterschiede.
Die schlecht bezahlten Verkäufer stehen fünfzig Stunden die Woche oder mehr im Geschäft und gehen mit 1100 Euro nach Hause. Dadurch fehlt einfach die Motivation.
Der Arbeitgeber wird nur noch als nervenraubendes Etwas angesehen, welches monatlich zahlen und einen in Ruhe lassen soll.
Bei den Mitarbeitern entwickelt sich nach und nach das allseits bekannte „Leck – mich – am – Arsch – Gefühl", somit schwindet auch das Interesse am Unternehmen, das Phänomen der Be-

triebsblindheit entsteht und das Betriebsklima leidet.

Nicht, dass alleine die Lohnnebenkosten auf die Löhne drücken, nein, die Gier der Unternehmen steigt ins Unermessliche. Auch wenn Geiz schon lange nicht mehr geil ist und die deutsche Industrie horrende Gewinne erwirtschaftet, steigen die Löhne nicht parallel zum Erfolg der Unternehmen.

Der Radius in den Kurven des Bruttoinlandsproduktes wird immer kleiner, die verschiedenen Zyklen immer kürzer. Es wird selbst für Experten schwer zu erklären, ob wir uns im Aufschwung oder immer noch in der Degression befinden. Die Industrie reagiert ängstlich mit weniger Neueinstellungen, befristeten Arbeitsverträgen oder eben vorsichtshalber mit Entlassungen.

Das hat eine hohe Fluktuation am Arbeitsmarkt zur Folge, was das Resultat davon ist, wissen wir alle.

Viele Unternehmen kaufen ihre Produkte im Ausland, da diese dort kostengünstiger hergestellt werden können. Eigentlich spricht da ja nichts gegen. Die Bürger fahren auch in die Niederlande, nach Polen oder Österreich, um Kaffee, Zigaretten und Benzin zu kaufen.

Im Gegensatz zu den Industrien ist das aber ein winziger Bruchteil des Kapitals, welches ins Ausland fließt. Wäre die BRD durch ihre starke Industrie nicht
Exportweltmeister, würde das außenwirtschaftliche Gleichgewicht schon längst nicht mehr existieren.

Da die Regierung die Möglichkeiten der strategischen Handelspolitik nicht nutzt, um den Protektionismus zu fördern, wird es wohl immer schwieriger werden, die inländische Wirtschaft zu fördern.

Würde man die geltenden Gesetze strenger kontrollieren, wären die Probleme am Arbeitsmarkt auch nicht so gravierend.

Würde man nur konsequent die gesetzlich vorgeschriebene, tägliche und wöchentliche Höchstarbeitszeit kontrollieren und überwachen, wären die Unternehmen dazu gezwungen, mehr Mitarbeiter einzustellen.

Der Wegfall des Ladenschlussgesetzes alleine bringt zwar mehr Konkurrenz, welche ja angeblich den Wettbewerb belebt, aber es werden im Höchstfall noch ein paar Aushilfen eingestellt, die dem Arbeitsmarkt eher schaden als nutzen.

Zusätzlich dürfen sich die Mitarbeiter, die bereits im Verkauf tätig sind, über längere Arbeitszeiten freuen oder eher ärgern.

Es ist faszinierend, dass der weltgrößte Supermarktbetreiber nach relativ kurzer Zeit wieder vom deutschen Anbietermarkt verschwindet, aber das zeigt, dass der Konkurrenzkampf unter den Wettbewerbern verdammt hart ist.
Ein Discounter nimmt dem anderen einen Kunden nach dem anderen weg und eine Woche später geht es wieder andersrum. Der Mittelstand, die kleinen Supermärkte sind (noch) die Leidtragenden, da sie bei den günstigen Preisen nicht mithalten können.
Im Moment kann man noch einen Erschließungswettkampf zwischen den Discountern beobachten, überall schießen die Filialen, wie Unkraut aus dem Boden; und jeder versucht, die Kunden für sich zu gewinnen.
Aber in ein paar Jahren wird das umschwenken in einen Verdrängungswettbewerb.
Die, die die wenigsten Kosten verursachen, also am wirtschaftlichsten arbeiten, werden diesen Kampf gewinnen. Weniger ertragreiche Filialen werden früher oder später geschlossen oder es wird einfach wieder Personal gekürzt.

Was das Arbeiten bei den Discountern angeht, werden viele sagen, dass ich im Unrecht bin und dass die Arbeit dort besser ist als gar keine.

Diese Leute gestehen sich nicht ein, dass sie sich was vormachen oder einfach nur Angst haben, ihren Job zu verlieren.

Aber ich habe keine Angst mehr und nichts mehr zu verlieren. Ich weiß wie es ist Hartz 4 Empfänger zu sein und somit das Schlusslicht der Gesellschaft zu repräsentieren. Ich war am Ende der Nahrungskette angelangt.

Ich habe in einem mittelständischen Unternehmen gelernt und dort auch lange genug gearbeitet, um zu wissen, dass es auch anders gehen kann.

Die Discounter haben die Möglichkeit, etwas an sich zu verbessern. Dabei denke ich nicht an eine Gehaltserhöhung oder eine Einmalzahlung, sondern an die Veränderung der Personalstruktur und der Arbeitsbedingungen zugunsten der Mitarbeiter.

Maßnahmen, die diese personellen „Zustände" im Discounteinzelhandel verbessern oder entschärfen, gibt es viele.

Sicherlich hat die Politik die Möglichkeit tätig zu werden und Gesetze und Verordnungen zu verabschieden, beziehungsweise festzulegen, aber diese müssten dann auch konsequent und ohne Ausnahme durchgesetzt und kontrolliert werden.

Auch müssten empfindliche Strafen und Sanktionen bei Nichteinhaltung dieser Vorschriften den betroffenen Unternehmen auferlegt werden.

Da die Mühlen unseres Rechtssystems sehr langsam mahlen, sehe ich dort keine passable Chance.

Dazu kommt, dass die Rechtsabteilungen der Discounter eh wieder irgendwelche Schlupflöcher in den Rechtsbüchern finden und die Rechtsstreite nur den Steuerzahler belasten.

Die Einführung von Betriebsräten ist mindestens genau so problematisch, da sich die Discounter teilweise schon seit Jahren dagegen wehren und dieses, bis jetzt, mit allen möglichen Mitteln verhindert haben.

Die werden jetzt bestimmt nicht hingehen und sagen… „Och, wir haben dies jetzt seit Ewigkeiten vermeiden können, haben Millionen dafür ausgegeben und uns ohne Ende geärgert, aber dieser junge Mann schlägt das jetzt vor und wir machen das jetzt doch.“

Das wird definitiv nicht passieren.

Auch ein Aufruf zum Boykott von Discountern ist eigentlich keine Lösung und wäre auch gar nicht möglich, da kaum Alternativen zu den Discountern
gegeben sind.
Auch die Reaktion der boykottierten Unternehmen wäre vorauszusehen. Auf Grund von sinkenden Umsatzzahlen würden die wahrscheinlich noch mehr Mitarbeiter entlassen und das der Schuss wäre nach hinten losgegangen.

Ich denke da eher, dass unter anderem die Familien Albrecht, Schwarz und Haub mal mit gutem Beispiel voran gehen und von sich aus etwas für ihre Mitarbeiter tun könnten.
Schließlich sind es die Mitarbeiter im Verkauf, denen sie im Endeffekt ihren wirtschaftlichen und finanziellen Erfolg zu verdanken haben.
Warum sollte man sich dann nicht auch erkenntlich zeigen und zum Beispiel eine Abteilung für Selbstkontrolle ins Leben rufen. Diese kümmert sich um die Mitarbeiter, deren Problemen und Interessen, geht aktiv gegen Mobbing und Bossing vor und garantiert ein faires Arbeiten.
Interne und vor allem unparteiische Schiedsmänner und –frauen regeln zum Beispiel Konflikte

zwischen den Mitarbeitern quer durch die Hierar-
chien.

Sie überwachen die Einhaltung der Rechte, der
Arbeits- und Pausenzeiten
und die Arbeitsbedingungen der Mitarbeiter.

Die Unternehmensgruppe Tengelmann hat 1984
die Umweltaktion mit der Schildkröte und dem
Frosch gestartet und jahrelang damit geworben.

Bezogen auf die Mitarbeiter könnte man sicherlich etwas Ähnliches ins Leben rufen. Vielleicht
eine Art von TÜV-Siegel für Unternehmen, welche für faires Arbeiten einstehen.

Neben diesem PR-Schub für die Unternehmen
nach außen hin, also in Richtung Verbraucher,
hätte das auch einen positiven Effekt auf die Mitarbeiter, die
sich durch seine solche „Auszeichnung" sicherer
fühlen würden und somit mit guter Laune zur Arbeit erscheinen würden.

Das Arbeiten würde wieder Spaß machen.

Und wie wir alle wissen, bedeuten zufriedene
Mitarbeiter auch zufriedene Kunden.

Eine Patentlösung für alle diese Probleme gibt es
nicht, aber es gibt Möglichkeiten, wo man zumindest die ersten Schritte in Richtung „besseres Arbeiten" machen könnte.

In der Wirtschaft ist es manchmal wie beim Schach.

Man ist schnell bereit, einen Bauern zu opfern, aber man muss bedenken, dass auch dieser am Ende spielentscheidend sein kann.